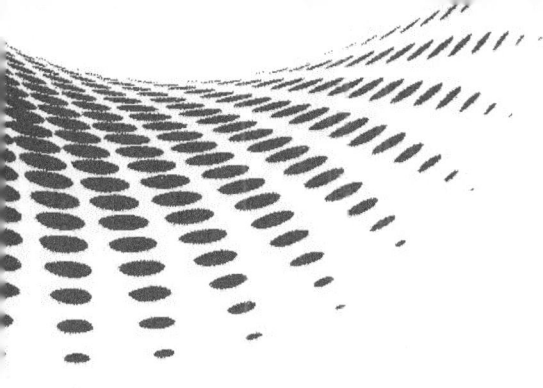

大猎论道₂

变革下的用人之道

庄 华◎主编 猎 聘◎编著

人民邮电出版社

北 京

图书在版编目（CIP）数据

大猎论道. 2，变革下的用人之道 / 庄华主编；猎
聘编著. -- 北京 ：人民邮电出版社，2020.6（2022.5重印）
ISBN 978-7-115-53652-5

Ⅰ. ①大… Ⅱ. ①庄… ②猎… Ⅲ. ①人才选拔—通
俗读物 Ⅳ. ①C961-49

中国版本图书馆CIP数据核字(2020)第046873号

内 容 提 要

　　任何行业、任何职业都应该有一套能够被传承、经得起检验的方法论和指导手册，看重人的属性的猎头行业也不例外。因为只有掌握了正确的做事方法，我们才能少走很多弯路。猎聘的《大猎论道》专栏会集行业里的资深顾问，让他们从自己丰富的实践经验中沉淀出对人性的理解、对行业的洞察，最终集结成书。对于猎头从业者来说，本书既有站在更高视角的战略布局，又有具体可落地的战术执行，是一本值得细细品读的教科书式经典范本。

◆ 主　　编　庄　华
　　编　　著　猎　聘
　　责任编辑　赵　娟
　　责任印制　彭志环
◆ 人民邮电出版社出版发行　　北京市丰台区成寿寺路 11 号
　　邮编　100164　电子邮件　315@ptpress.com.cn
　　网址　https://www.ptpress.com.cn
　　固安县铭成印刷有限公司印刷
◆ 开本：700×1000　1/16
　　印张：13　　　　　　　　　　2020 年 6 月第 1 版
　　字数：178 千字　　　　　　　2022 年 5 月河北第 3 次印刷

定价：59.00 元

读者服务热线：(010)81055493　印装质量热线：(010)81055316
反盗版热线：(010)81055315
广告经营许可证：京东市监广登字20170147号

在就业市场上有一个很有意思的现象：明明职位不少，人才也很多，可是用人方总认为招人难，求职者也觉得找工作难，有些企业的一个职位可能虚位以待很久，一个人宁愿失业几个月也不愿轻易接受一份聘书。这个现象背后的深层原因就是用人方和求职者缺少精准匹配。当匹配的双方都是有意愿和有行动力的人时，这样的矛盾是永远存在的。这也是猎头行业诞生的原因，更是以猎头招聘为特色的猎聘得以存在的原因——因为我们掌握着搜寻人才、完成匹配的技巧、工具和智慧。

为了更好地促进猎头顾问之间切磋业务、增进交流，猎聘于 2013 年在自己的平台上推出一个专栏——《大猎论道》。此专栏一经推出就收到大量业内司仁的投稿，后来集结优秀文章出版了同名书《大猎论道——真实世界的猎头艺术》。此书有幸成为人民邮电出版社的长销书，受到业内外人士的欢迎和肯定，并且多次重印，甚至再版。时至今日，我们的《大猎论道 2——变革下的用人之道》也要付梓面世了，这无疑是对我们莫大的鼓励，也更加肯定了猎头行业以及猎聘的价值。

猎头行业在我国发展至今已有 20 多年的历史。从最初的人对人的小作坊业务模式，到现在更多的新理念、科技元素被融入行业的变革中，猎头从业者对猎头行业的认知也在不断地被时代滋养和重塑。

与《大猎论道——真实世界的猎头艺术》出版相隔五年，《大猎论道 2——变革下的用人之道》的内容更加丰富充实、多元深入，不但涉及对猎头业务技巧层面的探讨，而且涉及猎头认知系统、培养实战、价值体系等多个方面，更加全面、系统、专业，既有高度，也有温度。这也是沉淀了五年后，猎聘的《大猎论道》

专栏又一次开花结果,向社会贡献智慧。希望《大猎论道 2 —— 变革下的用人之道》这本书能让更多的人从中受益、汲取养分,并内化为行动的力量,让自己变得更好,让社会变得更美好。

无论社会发展到哪个阶段,用人方都渴求更优秀的人才开创新的局面,而人才则希望自己能够有更好的用武之地。正是双方的这种夙愿,推动着企业的革新和人才的进步,也为猎头行业的发展注入了源源不断的动力。

目前,我们的社会正在从人口红利转变为人才红利,人才的价值得到前所未有的凸显和重视。全社会达成一种共识,即任何行业、地域的发展本质上是人才的竞争,赢得了人才就赢得了一切。社会的转型以及理念的更新都为猎头行业的发展创造了一个良好的业态环境。

一个行业的进步离不开每个从业者的推动。猎头行业要想取得更大的成就,离不开每个猎头顾问的努力,更离不开他们之间的交流互助。

作为人力资源领域的创业者,我很高兴看到《大猎论道》专栏成为联系猎头从业者的纽带和平台。随着技术水平和认知水平的不断提高,我相信在这个平台上还会迸发出更多令人惊艳的、耳目一新的思想火花,将来我们还要推出《大猎论道 3》《大猎论道 4》等,把更多猎头从业者沉淀下来的经验、教训和智慧毫无保留地分享给整个社会,为猎头发声,为企业解困,为人才升值。

猎头行业的工作围绕着人展开,人才得到尊重是对猎头从业者的最大的褒奖。在就业市场上,猎头从业者可谓一种特殊的人梯:帮助人才越走越高;帮助用人方找寻合适的人才,进而越来越好。而在人力资源这个领域,猎聘甘为猎头从业者的阶梯,托举他们走得更高更远,助力他们完成一次又一次的自我进化和升华,不断吐故纳新、绽放华彩。

戴科彬(Rick Dai)
猎聘创始人兼 CEO
于 2020 年 2 月

序言

Preface

　　我关注猎聘的《大猎论道》专栏源于一篇相当有意思的文章——《当猎头公司的老板可能是天下最郁闷的事》，这篇文章的标题和内容都很出彩。我后来才知道，此文是陈勇（Charles Chen）在与猎聘创始人戴科彬（Rick Dai）的一次谈话中孕育出来的，他们也由此孵化了《大猎论道》这个专栏。

　　如今，因 Charles 的推荐和 Rick 的信任，我接过《大猎论道》专栏的第二棒担任主编，在深感荣幸的同时也不免有些惶恐：一来是重任不得马虎和搪塞；二来是本人拙于文字久矣，需要充电和更新。但是我非常明白，猎头行业的发展需要大家的共同努力和探索。猎聘作为目前最大的中高端招聘平台之一，为大家创造了颇具影响力的可以自由交流的空间——《大猎论道》专栏。这里不仅拥有众多"大咖"，还有很多"新锐"；同时，我们在此把探索和讨论变得有趣，让大家愿意来听、来讲。

　　我从事猎头行业 20 多年了，有了一些心得，却时时心存惶恐。我在伯乐管理有限公司专注于业务的 21 年间，我国的人力资源行业及招聘市场发生了翻天覆地的变化。尤其是最近 5 年，随着技术手段的不断创新，平台化、流程化的概念和创新也被很多猎头从业者津津乐道。猎头行业空前热闹，丝毫不亚于股市的牛市盛景，吸引了很多年轻人的加入和资金的投入。但在这样的热闹背后，我们期待的行业效益没有相应地增长，猎头行业反而为世诟病：客户满意度不高，候选人体验不佳，年轻的猎头顾问工作、生活两不易。

　　艾瑞咨询在《2016 年中国高端猎头行业研究报告》中指出，中国排名前 10

的猎头公司和招聘公司中只有 5 家公司的年度营业额过亿元。尽管伯乐管理有限公司榜上有名，但我仍然看到了我国与猎头业务成熟国家的差距。没有一个行业是可以游离于产值之外蓬勃发展的，否则，它除了"吆喝"就真的什么都没有了。

那么，当猎头公司的老板真的是天下最郁闷的事吗？我没有定论，因为在任何知识密集型、劳动力密集型行业中，老板都很辛苦。但是，如果能够找到推动猎头市场的"那双手"，提高猎头行业的产值，那么苦不苦就真的不重要了，我们甚至可以苦中作乐。

感谢 Rick 和 Charles 创建了《大猎论道》这个专栏。作为新任主编，我备感压力，因为"创业难，守业更难"。在致力于把此专栏发扬光大的同时，我更希望它成为一个"泛行业"的平台，让它成为广大客户、候选人一窥猎头行业门门道道的窗口，更成为他们进一步理解猎头行业的纽带。

我们的期许是不仅要让所有读者在这个平台上领会"牛人"的真知灼见，也要让更多有大心得、大智慧、大经验的猎头顾问和客户畅所欲言，并且付诸行动，把可探讨性落实为可操作性，把"吆喝"转化为"产值"。

《大猎论道》坐而论道，起而行之。让我们一起努力！

庄华（Pierre Zhuang）
《大猎论道》现任主编
CGL 创始人兼首席执行官
伯乐管理有限公司创始成员之一兼前任首席执行官

目录

Contents

第1篇

主导猎头行业发展的是什么

【庄华（Pierre Zhuang）】

主编推荐

"欲使其灭亡，必先使其疯狂"，这条箴言常被大家用来形容我国经济发展进程中的一些非理性的行业发展。对于一个市场或者行业而言，定义它有多疯狂，无非就是看看它有多大的"泡沫"。在猎头行业进入我国的20多年里，我们见证了许多行业的潮涨潮落，多数行业从如日中天到一蹶不振或蹒跚前行。我们熟悉的房地产行业如今依然进退维谷；近两年吹起的电影票房"泡沫"正在让影院行业走向疯狂。而这20多年也是猎头行业从星星之火到燎原的两个十年，即从当初的"神秘"到如今的遍地开花。然而，市场似乎有些热过头了，猎头甚至被有些电话软件标示为"骚扰电话"的选项之一。即便如此，依然有大量的新企业前赴后继地踏入这个行业，那猎头行业是否也进入"泡沫"时代了呢？

猎头行业不同于传统实业，没有行业指数；猎头行业也不同于其他第三方，没有专业市场中的门槛和大量现金流。在我国市场上，行业的荣辱兴衰往往取决于对 GDP 的贡献和从业者的成功。任何没有产值和价值的行业将很快被迭代，猎头行业也是如此，因为有产值才有话语权。得天下有道，得产值斯得天下矣！

疯狂背后到底有没有给行业带来健康的发展

艾瑞咨询《2016 年中国高端猎头行业研究报告》中的数据显示，2012 年至 2015 年猎头公司数量的年平均增长率为 46.7%，而同期猎头行业市场规模的年平均增长率只有 27.2%。由此可见，企业数量的增速并没有带来市场规模的同比增长。

研究报告还显示，在 65 亿元高端猎头市场规模中排名前 20 的企业几乎占据了 25% 的市场规模，那么剩余的那些企业的产值可想而知。而在这些排名前 20 的企业中，营收过亿元的也就只有 5 家，营收 3000 万元以上的猎头公司已经能挤进这个榜单。这个水平的产值和"蜂拥而入"的情况与我国经济发展、企业领导力的需求是格格不入的。

在这个"以人为本"的猎头行业，技术解决不了所有问题，我们可以不关注行业从业人员到底有多少，也可以不关注年产值上亿元的猎头公司到底有多少，但是我们无法漠视过低的顾问单产。因此，如何将每个顾问的生产力最大化，才能避免让一个类似于"合伙制"的猎头行业走向"吃大锅饭"的尴尬境地呢？

猎头顾问应该赚多少

30 万元大致是 2016 年我国猎头顾问的人均单产。作为以"提供领导力解决方案"为卖点的猎头行业，这样的人均单产着实堪忧。我们甚至怀疑年产值 30 万元的顾问是否真的能推动行业的真正发展。同时，建立在 30 万元产值之上的薪酬恐怕也很难吸引优秀的年轻人加入这个行业。

那么，我国猎头顾问的年单产达到多少才算合理呢？

我们以一个入行 3 ～ 5 年的猎头顾问为例，平均每人每年可以成单 12 ～ 15 个职位，每个职位的薪资水平平均为 20 万元 / 年，假设猎头顾问的佣金为 20%，那么做一个简单的推算，一个入行 3 ～ 5 年的猎头顾问每年创造的单产应该在 48 万～ 60 万元。

所以，对于目前我国的猎头顾问而言，将人均单产设置在每年 50 万元以上应该是比较合理的。也就是说，目前的人均单产如果能提高 50% ～ 60%，那么 30 万的猎头从业人员数量才显得有意义。

💡 | 撸起袖子加油干

我们应该冷静思考，怎样才能帮助我们的年轻顾问提高他们的单产，让"加强顾问的专业水准"不仅仅停留在"吆喝"层面，而是将重点集中到业务增值环节。

"学会尊重"，先学会尊重自己选择的职业，再谈如何提高职业素养吧。

记得有一次，我们公司内部人员交流业务情况时，一位刚升职助理顾问的同事说，他给一家客户公司的人力资源部门 A 女士打电话，A 女士态度敷衍："又是猎头公司啊，有什么事就说吧。"我们的顾问自报家门后，A 女士才似乎有了点诚意："我知道你们公司。"年轻同事有点受伤，职业的自豪感荡然无存。

看了一些猎头公司的网站和宣传资料，顾问团队是不专业的，分公司的数量和地址是虚构的，营收和产值是自吹的，这样的做法如何确保给予客户的服务是有保障的呢？不尊重自己和不尊重客户的猎头公司一定是没有发展空间的。

猎头价值的体现，很重要的一点是我们自己对这个行业的尊重程度，我们的顾问需要用最专业的手段和最真诚的态度帮助他们了解我们的价值，并赢得他们的尊重。

"把钱用在刀刃上"，道理很简单，但真正做到并不容易。无论是小公司还是大企业，都需要确立和明晰自己的业务流程。无论是客户端模式还是候选人端模式，都需要以优质的服务为导向，把时间成本和金钱成本花在技术无法替代的顾问的专业技能的培养上。何为顾问的专业技能？不妨来看看我们的工作流程。该工作流程可被简单概括为6个阶段：

（1）谁是最合适的候选人？

（2）他在哪儿？

（3）怎么接触？

（4）如何甄别确认？

（5）如何说服他？

（6）如何协助他上任？

（4）和（5）是最能看出顾问附加值的阶段，是技术和平台很难完全代劳的阶段，"面试"可能是这两个阶段中的一个典型环节。但我们发现，越来越多的猎头公司和猎头顾问疏忽了面试环节及其技巧，原因很简单：一是猎头顾问的资历不够做面试官；二是追求快速简化。这样做的后果有两个：第一，客户不再依赖于猎头顾问的推荐意见，只是索要简历；第二，候选人越来越难打交道，他们不想见顾问，因为顾问没有附加值，无法提供职业指导。猎头行业一旦在这些环节失去了价值，无法获得客户的认同，其服务就会缺乏"议价能力"，很容易被技术和平台所取代。所以，要想提升顾问的增值能力，我们必须真正意识到关键的节点在哪里。

猎头顾问值钱了，行业才会真正地发展

猎头行业的真正发展不是企业的大量涌入引发的没有产值的"自嗨式"的虚假繁荣，不是在短时间内简单粗暴地引发关注度。主导猎头行业发展的重要因素可能又落到了顾问单产这个根本问题上，我们始终认为"行业好才是大家好"，猎头顾问的养成需要花费这个行业最高的成本。很多猎头公司的经营者会担心，因辛辛苦苦培养的猎头顾问离职而给公司造成损失。把眼光放长远

点，数据也表明，就算离职，大部分的猎头顾问仍然在这个行业里发展。如果每个经营者都专注于提高顾问的知识和能力，那么即便有流动，这也是一潭活水。行业的整体水平提高了，无论是对猎头公司还是对客户、候选人而言，都是利好。

　　我希望猎头行业的从业者共同努力，让人均单产 50 万元的起点不再是梦想。这样，猎头行业产值的提高也将指日可待。

第 2 篇

人工智能招聘不会抢走猎头顾问的饭碗

【戴科彬（Rick Dai）】

主编推荐

　　在与猎聘创始人兼 CEO 戴科彬的一次北京长谈中，我们聊到了人工智能这个话题。虽然戴总不是这方面的专家，但他研究颇深。对于人工智能到底会不会抢走猎头公司的饭碗，我跟戴总的想法不谋而合——任何没有附加值的业务环节，即便没有人工智能，也会被其他事物取代。猎头顾问会不会被抢走饭碗，在更大的程度上取决于猎头顾问创造的价值。我们不再是技术的使用者。未来，技术将是我们最好的合作伙伴之一，我们与技术各司其职。正是因为这次长谈，我才觉得戴总写这篇文章是再合适不过了。作为"老猎"，我对这个行业未来的发展不敢妄下定论，但戴总的这篇文章或许能给我们不少启发。

当今，互联网科技和大数据应用已日益深入地渗透到各行各业。伴随着人工智能在许多领域的突破性进展，人们开始焦虑他们的职业是否会被各种新科技所取代。不可否认，互联网的发展同样给人力资源领域带来了颠覆性的改变，减少了招聘成本，提升了企业人力资源顾问和猎头物色人才的效率，但相关从业者的担忧也随之而来：人工智能的蓬勃发展，是否会取代猎头这个具有典型顾问性质的行业呢？

最近，我在跟不少猎头老板和企业人力资源顾问交流的时候，许多人都对这个话题表现出极其浓厚的兴趣，他们想了解猎头行业如何与人工智能结合，才能发挥出良好的效应。关于这个问题的讨论由来已久，但在人工智能越来越贴近人们赖以生存的行业时，人们就越会明显地透露出强烈的危机意识——不少人担心互联网科技的发展轻则会挤压他们的发展空间，重则会夺走他们的饭碗。

🔍 | 在短期内，人工智能还不能真正替代猎头招聘

我记得几年前在猎聘的《大猎论道》专栏上，有同行探讨互联网和社交媒体的发展给猎头行业带来的冲击，很多人都一边倒地认为其对专业猎头顾问几乎没有影响。但在当今人工智能飞速发展的时代，已经没有这么多人敢如此肯定了。究其原因，有两个方面。一方面，近年来兴起的人工智能是真正意义上的技术革命和创新，而不仅仅是商业模式的变革。无论是 AlphaGo 战胜世界第一围棋高手、自动驾驶，还是语音识别、智能机器人等，人工智能技术的每一次更新迭代都让世人感到惊艳。另一方面，猎头行业的发展在我国本来就参差不齐，大部分猎头顾问依然扮演着"人肉搬运工"的角色，做着简历信息匹配的重复性劳动，其中人才甄别和专业判断的技术含量并不高，这些基础技能会迅速被人工智能替代。但是我认为，人工智能在短期内还不能替代猎头招聘。

在我看来，之前提到的担忧有点杞人忧天，因为互联网科技的发展不会制约猎头顾问个人以及行业的发展。之所以大家有这种忧患意识，是因为目前我国的猎头顾问给客户提供的价值仍然停留在较低层次——还是基于获取优质简历、利

用信息不对称的优势提供服务。然而，这并不是真正意义上的猎头服务。

目前，猎头行业的现状是，企业让猎头顾问做的所谓的"猎头单子"并不完全是针对高端人才的单子。从总量上来看，企业给猎头顾问的大部分单子在整个人才结构中处于中端，对于人才的行业经验要求并不高，致使这种单子等同于企业人力资源部门将部分招聘工作外包。所以，当互联网技术能够加快这些中端岗位和相应人才的匹配速度时，从表面上看，就没有多少猎头顾问拥有可以发挥作用的空间了。随着互联网在各个行业中影响力的增强，你会发现，以前我们认为无须在网上求职的人，也逐渐开始利用互联网找工作，这就给一些猎头顾问带来了恐慌。

技术还达不到人的甄选水平，猎头顾问仍有很大的发展空间

其实，这种恐慌大可不必。从目前招聘领域的运作情况来看，无论互联网上的信息多么对称，同样的情况都会发生——即使企业给出同样的数据库、同样的平台，但是具体到某个候选人身上，人工智能和猎头顾问对这个人的认识和甄别还是有差别的，这就导致了一个问题：从表面上看似乎信息都对称，但是在对人的甄别、判断等方面，人工智能与猎头顾问的思维模式是不一样的，技术在某些方面还达不到人的水平，这就意味着猎头行业还有很大的发展空间。

猎聘在搭建企业、猎头顾问与候选人的三方互动平台时，我们其实早就察觉到这种现象的本质，所以我们很早就与同行，包括猎头顾问、猎头公司的老板谈过，猎聘创建平台就是为了让更多的候选人与猎头顾问、企业进行连接。在这个过程中，真正发挥作用的其实是一些优秀的猎头顾问，他们能够更好地甄别候选人，为企业提供更大的价值。

人工智能不能马上替代猎头顾问，供需双方数据不足是根本原因

近年来，人工智能成了备受关注的话题，也在许多领域得到了应用。它进入人力资源领域是迟早的事。其实，基于大数据挖掘的人岗匹配系统在我国网

络招聘领域的应用并不是什么新鲜事，几年前就有人在做这件事情了，也有优秀的科学家和技术人员在研究这个领域，但为什么一直没有什么起色？为什么至今还处于探索阶段？原因是多方面的。

第一个原因是人岗匹配对数据有较高的要求。一方面，现在很多招聘平台和招聘部门拥有的数据并不能全方位地反映候选人的情况。另一方面，企业招聘方在提需求的时候也没有给出充分的需求描述，而招聘本身是一个极其复杂的过程。现阶段供需双方占有的数据资源相对有限，远远不足以完成人岗匹配，这也是最根本的原因。

第二个原因是单一的数据匹配本身不足以反映招聘行业的全貌。例如，很多公司都是在现有数据的基础上进行人岗匹配分析的，这个过程是静态的，而招聘是一个动态变化的过程。同样一个岗位，今天跟昨天的招聘需求就不一样，3 个月后、一年之后就更不一样了。即便在面试的过程中，招聘方也会随时改变自己的招聘需求。所以，不能简单地用技术解决动态变化的问题，只能利用技术快速迎合行业发展的趋势，但最终的落实还要依靠人工。在人工智能招聘领域，仅仅依赖智能手段还不行，还需要人工支持，毕竟人在招聘的过程中发挥着不可替代的作用。

第三个原因与商业化有关。任何一个公司都不是单一化的科研机构，尤其当科研方面的人力成本比较高的时候，公司就需要形成明确的投入产出比的概念。如果没有一个清晰的可盈利的商业模型，就会加大资本介入的难度，导致在研究过程中很多人会选择中途放弃，这跟商业模式本身有着很大的关系。

基于这几个原因，我认为人工智能招聘替代猎头顾问，至少目前在我国是不现实的。招聘不仅仅是挑选候选人的过程，还需要对行业的认知和理解。举例来说，当我们接触销售组织架构的时候，我们还需要了解其所在的行业，例如，对企业的销售与对用户的销售是不一样的，渠道销售与大客户销售的体系也是不一样的，其中存在很大的差别。总之，招聘背后有着非常复杂的职能设置和一套算法机制，因为只有这样，招聘才能运行起来，人工智能招聘才能真正玩转。

但这些并不意味着人工智能招聘在现阶段就无所作为。人工智能会极大地提升招聘效率，会随着数据的沉淀变得越来越精准。与以前相比，今天的人工智能有一个突出的特点：以前的人工智能跟程序、设置紧密相关，是一种基于指令和搜索的标准字段的匹配模式；而新一代的人工智能是机器学习型模式，可以根据以往的行为与匹配的记录进行预判和反复学习、验证，所以当今人工智能的水平比以前更先进，这为人工智能招聘提供了良好的技术保障。

招聘是有温度的接触，机器无法产生情感

既然高科技的发展已经日臻成熟，那么怎样才能把人工智能招聘做好呢？首先需要明确的是，这个领域机会很多，大有可为。我们在研究了很多猎头的成功案例后发现：真正优秀的猎头顾问一定会专注于某个领域，除了掌握方法论之外，还要掌握与这个领域相关的行业知识，拥有社会资源，并且对招人公司、公司所处的发展状态、公司老板的喜好等情况了如指掌。

猎头行业需要人对人的判断，而人工智能则擅长机器与人或物的交互。人工智能要想深度介入对人的判断，我认为还需要相关领域的从业者从非常细化的领域入手，在其专注的领域中掌握关键细节，据此进行精准定位，例如，针对初级人才、高流动性的标准化人才、中高级人才、互联网技术人才、财务人员、销售等，在把握细分职能人才需求的基础上，通过人—机交互的方式沉淀数据、反复验证，这样才能使人岗匹配达到最优的效果。

目前，从全世界范围来看，在人岗匹配方面成效卓著的招聘公司依然凤毛麟角。然而，相关机构和人员对这个领域的关注和探索的热情却有增无减，可见这个领域有着光明和远大的前途。于是，人们担心的问题来了：既然人工智能的威力巨大，那么其在人力资源领域究竟会不会替代人的劳动呢？我认为不会，我反复强调，科学技术是生产力，但是它必须通过人的操作才能转变为真正的生产力。

招聘和人力资源本质上是人与人的互动，是面对面的有温度的接触。这种接触不是机器能够取代的。例如，两个人见面的时候，彼此能不能产生相似的气场，从而让双方心甘情愿地一起工作，这种感受是机器难以赋予的。同样，在说服一个人关注某个工作机会的时候，不同的人所表现出的说服力和感染力也会有所不同。

人工智能让猎头顾问如虎添翼，二者结合取长补短

猎头顾问作为企业的外部招聘咨询力量，一定会长期存在，而人工智能的发展可以为猎头行业的更高质量、更大规模的发展提供先进的工具。人工智能不仅可以快速地匹配潜在的合格人选，为雇佣双方的进一步接触节省时间，还可以预判员工"跳槽"的时间节点及其未来职业的发展轨迹；同时，它还可以更加清晰地了解企业在不同阶段需要的人才类型及数量，提升薪酬福利设置的科学性，为可持续的组织优化提供建设性建议。目前，这些工具性的科技成果都已经日趋成熟。

因此，作为猎头从业者，我们需要做的事情是提升服务的专业度。真正的猎头顾问是企业的人力资源战略顾问，是能为老板的人才发展战略提出建议的人。人工智能未来一定会迫使依赖信息不对称来做生意的猎头顾问转型、升级或者被淘汰。总之，猎头顾问应该拥抱新科技，拥抱人工智能，为客户提供货真价实的专业服务。

短期内，人工智能还无法解决招聘中存在的所有问题，所以猎头行业在人力资源领域必定会长期存在。由于科技与人工智能的飞速发展，猎头顾问将面临更高的要求和更大的挑战，这意味着他们必须充分了解客户所处的领域，能够为客户创造不可替代的价值，而不是做一些机械、重复的事务，不能只停留在阻隔信息这样的简单工作层面。否则，这样的猎头顾问将很快被技术替代。

猎头顾问本身掌握着非常丰富的行业资源。合理地将人工智能应用于猎头行业，能够让这些资源得到最优的配置，发挥最大的效能，让猎头顾问如虎添翼，从而为客户创造更好的体验和更高的价值。

第 3 篇

68 猎头成长操作系统

【陈勇（Charles Chen）】

> **主编推荐**
>
> 　　Charles 是我非常敬佩的一位"教授级"猎头创业企业家，他在本文中谈到的"工龄长、资历浅"其实反映了猎头行业最近十多年的普遍现象。这个行业很容易被"短视"和"利益"驱动，衡量一个猎头顾问优秀与否的最直接的标准是关单，并没有围绕猎头顾问的价值做深度思考，很少探讨除了关单，猎头顾问的价值到底在哪里？该怎样在不同阶段发挥自己不同的能效？ Charles 在本文中提倡的"68 猎头成长操作系统"给那些打算把猎头职业当成一生事业的猎头顾问做了一个清晰的梳理，不同的发展阶段对应不同的技能，非常值得一读！

2019 年年初，在北京，我谢绝了一位肯定能够为 FMC 赚钱的猎头顾问！

这位猎头顾问有 13 年的猎头行业经验，经历过 4 家猎头公司——两家中国本土猎头公司，两家外资猎头公司，大体上算经验丰富；能够独立进行业务拓展，对接客户，也能带关客户；2017 年的个人业绩在 70 万元左右；是由公司内部的同事推荐的，对 FMC 的企业文化也比较认同，甚至暗示愿意降薪加入……

面谈了 90 分钟之后，我建议北京的同事放弃。

大家可能会疑惑：为什么我会放弃一个看起来有文化认同，也肯定能为公司赚钱的猎头顾问？原因很多，但核心的原因只有一点：从事了 10 多年的猎头行业，只是把价值 2～3 年的经验重复了几遍。

我 1997 年开始从事猎头行业，20 年里我见过很多猎头顾问，但没有见过任何一个猎头顾问主观上愿意干 10 年猎头，只是把价值 2～3 年的经验重复几遍！因为每个人都有渴望成长的内在驱动力。然而，现实情况往往是：在刚入行的前两年，很多猎头顾问觉得自己进步很快；两年之后，进步越来越缓慢，很多时候只是每年服务的客户不同，见的候选人不同，做的单子不同，而自己的业务能力与上一年相比并没有太大的变化，不知不觉就掉入了"工龄长，资历浅"的陷阱！

💡 | "工龄长，资历浅"这个坑是怎么掉进去的

对于这个问题，应该很多人都有过不同程度的思考。从不同的角度看，大家也许会将其归结为不同的原因。就我个人的体验、观察、思考而言，我会将这个问题的核心原因归结为以下两点：一是成长环境的营养浓度不够，二是成长操作系统的版本太低！

在一个营养浓度高的环境里，即使你没有主动去思考，规划如何成长，环境也会自然地推着你向前。尽管我们可以努力"跳槽"到成长营养更多的地方，但机遇往往是可遇而不可求的。所以今天，我们分享成长操作系统。因为有一个高效的成长操作系统，无论你处于什么环境、什么状况中，你都可以获得成长！

什么是猎头成长操作系统

简而言之，猎头成长操作系统包括 3 个要素：做猎头顾问究竟需要什么能力？猎头顾问的成长需要经历哪些层次？猎头顾问的能力与成长层次之间有何联系？这样听起来还是很抽象，不妨借用一个图书管理员的例子，大家会更容易懂得这个操作系统是如何发挥作用的。

图书管理极限的启发

猎头业务的基本动作是两个：一是从客户那里拿到单子；找到合适的候选人介绍给客户。这其实很像图书管理员管理书籍的动作：把客户要的书从书架上找出来给客户，把客户还的书收回放到书架上。

如果怎么方便、怎么顺手就怎么放，刚开始时，你的效率会挺高；但按照这样的方法，即使你天赋再高，3000 本或 5000 本可能就是你能有效管理的上限了。超过这个数字，情况就是你只熟悉一些新的、当下热门的书，而忘记一些之前管理过的书；将这份工作做上 10 年，你也往往只是工龄资深，不见得有太多的成长！

但如果我们改变一下方法，花一点时间建立一个图书分类的目录，在每个书架上贴上标签，并坚持把每一本书放到相应的位置，尽管刚开始的时候会费点事，但后期我们却能相对容易地有效管理成千上万本书籍。

刚开始时，无须设置一个非常繁杂的目录，关键是要有框架系统的意识，尽快开始。例如，一开始只是把文学粗略地分为一个大类，等书多了之后，你可以将其分为古典文学、当代小说、英国诗歌、美国小说等，而且随着你分类的细致程度越来越高，你能为客户提供的支持服务也会越来越有价值，而非仅仅把客户还的书收好，把客户需要的书找出来……

同样的道理，如果你想长期做猎头顾问的话，你应该认真梳理一下：做猎头顾问究竟需要一些什么能力？就我个人的经验与研究来看，我把猎头顾问这个职业所需的能力归纳为 8 个能力框架！

❘ 猎头顾问所需的8个能力框架

这 8 个能力框架分别是猎头基本技能、猎头基础知识、猎头顾问知识、猎头基本资源、成熟猎头顾问、团队管理、业务深耕、猎头生意原理。猎头顾问所需的 8 个能力框架如图 1 所示。

■猎头基本技能 [3 个方面 &13 个环节]
  候选人拓展技能
主动寻访、媒体广告、候选人电话、候选人面试
  客户拓展技能
客户开发、客户拜访、合同谈判
  成单技能
职位访谈、推荐报告、客户面试、背景调查、聘到谈判、入职跟踪

■猎头基础知识 [2 个方向]
  候选人信息框架
  职位知识框架
  职位了解框架
  公司了解框架
  行业了解框架

■猎头顾问知识 [2 个方向]
  候选人专业建议
  客户专业建议
  目标人才市场专业见解

■猎头基本资源 [4 个部分]
  高质量候选人
  能带来业务的人力资源顾问
  有决定权的部门经理
  专项资讯人际圈

■猎头生意原理 [3 个原则]
  育人（长久繁荣的基础）
  堆人（创造空间的机制）
  连接（群岛效应的纽带）

■业务深耕 [8 个要点]
  清晰定义深耕领域   猎头顾问的特点
  猎头生意规模与分布   好的猎头公司
  客户使用猎头服务的特点   好的猎头顾问
  猎头业务的特点   切入与扩大的策略

■团队管理 ["1+3" 模式]
  目标
•设定多个层次的目标并形成共识
  能力 & 意愿 & 协同
•体验感知：绩效 = 能力 × 意愿 × 协同
•打磨提升：在动态变化中发展能力、提升意愿与优化协同的艺术

■成熟猎头顾问 [3 个方面]
  技能成熟
•电话沟通量、候选人接触量、候选人面试量、推荐人次、客户拜访量、客户业务拓展数、成单数、全流程成功数
  知识成熟
•积累相应的基础知识与顾问知识，并逐步加强或稳定的过程
  资源成熟
•客户 & 候选人资源的广度与深度

图 1　猎头顾问所需的 8 个能力框架

如同刚才讲到的图书管理员的例子，刚入行的时候，把猎头技能泛泛地总结为业务拓展、找人、做单 3 个维度，这有利于你很快建立一个基本概念，快速入行。如果你想持续成长，就不能简单停留在这个层次上，你需要进行更深入的细分。如图 1 提到的，把这 3 个维度进一步分解为 13 个业务环节，而且这 13 个环节还有更深入的战术点值得你深入探讨。例如，做背景调查时除了要知道需要问哪些问题外，你还要进一步琢磨如何把背景调查人变成你的候选人或业务拓展对象。不停地深入细分的过程就是不断成长、更加专业的过程。

同时，持续的细分还可以让很多概念性的东西具有更强的可操作性。例如，我们知道猎头顾问需要学习很多知识，掌握多种资源，这只是一个泛泛的观念。我们把猎头知识归纳为基础知识与猎头顾问知识两种类型。其中，基础知识涉

及 5 个知识框架：**了解候选人信息的框架，了解一个职能知识的框架，了解一个职位的框架，了解一家公司的框架，了解一个行业的框架。**顾问知识涉及 3 个方面：**你能给候选人哪些专业建议？你能给客户哪些专业建议？你对你所专注的目标人才市场有哪些专业的见解？**而猎头顾问需要的资源大体上可以分为 4 个类型：**高质量的候选人，能带来业务的人力资源顾问，有决定权的部门经理，专项资讯人际圈（例如，了解百度、阿里巴巴、腾讯这种大型公司的内部关系）！**这样细分之后，积累这些知识与资源就会变得更容易操作。

这些能力框架的第一层内容基本上是常识；如果你想比别人更优秀，在竞争中胜出，你需要搞清楚第二层、第三层更深入的问题。例如，在竞争越来越激烈的背景下，"业务深耕"才是出路，这是大家的共识。就"业务深耕"而言，即使很有经验的猎头顾问也未必能够清晰、精准地回答以下 8 个关键问题：

（1）如何清晰定义你深耕的领域？

（2）在这个领域，猎头生意的规模与分布是怎样的？

（3）在这个领域，客户招聘及猎头服务都有些什么特点？

（4）这个领域的猎头从业人员都有什么特点？

（5）管理这个领域的猎头业务的要点是什么？

（6）在这个领域，有哪些做得好的猎头公司？

（7）在这个领域，有哪些做得好的猎头顾问？

（8）你切入和扩大这个领域的猎头生意的策略是什么？

有些业绩很好的猎头顾问曾经告诉我：他们从未想过这些框架，但一样做得很好！我相信他们说的是真的，并且符合实际的情况！就像我之前提到的，在成长营养浓度高的环境里，即使你不用过多地去思考个人发展之类的问题，环境也会推着你向前。我见过很多猎头顾问，就概率而言，基本的规律是，对这些基本问题越有清晰答案的猎头顾问，业务往往会越好，同时业绩也越稳定。

对于猎头能力框架的总结，不同的人会有不同的版本，关键在于你的框架需要合理、清晰且稳定。就像盖楼，没有框架，只靠不停地搬砖、砌墙，你可能会收获一堆砖、一堵墙，但肯定是盖不高的；三天两头不停地调整自己的结构框架，同样也是盖不高的。形成一个适合自己的合理且能长期稳定的框架，需要时间与经历的沉淀；在刚开始的阶段，一个简洁可行的方法就是模仿，套用别人的框架，然后逐步改进！我总结的 8 个能力框架，权当给大家抛砖引玉。

随着能力的不断提升，你自然会成为不同层次的猎头顾问。我把猎头顾问的成长归纳为 6 个层次。

猎头顾问成长的6个层次

这 6 个层次分别是：地基树根层（Consultant Trainee）、成熟独立层（Mature Consultant）、团队建设层（Team Leader）、利润基业层（P&L Runner）、创业成长层（Business Owner）和平台土壤层（Platform Builder）。猎头顾问成长的 6 个层次如图 2 所示。

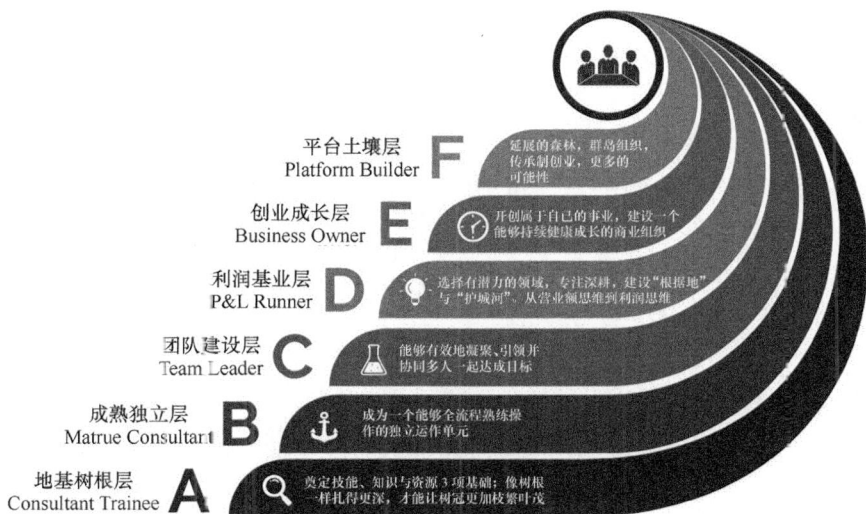

图 2　猎头顾问成长的 6 个层次

每个层次都有不同的焦点，具体如下所述。

地基树根层的焦点在于：掌握猎头技能、猎头知识及猎头资源。

成熟独立层的焦点在于：熟悉业务流程的各个环节，成为能够独立运作的业务单元。

团队建设层的焦点在于：能够有效地凝聚、引领并协同多人一起达成目标。

利润基业层的焦点在于：选择进入一个适合自己的领域去深耕！

猎头这个行业是个业绩年年清零、重新来过的行业；如果只是简单地重新来过，年资长的猎头顾问不比年资短的猎头顾问有优势。而在一个你赖以生存的职业上，不能随着时间的推移而逐步积累竞争的优势，实在是可惜甚至有点悲哀的！所以你要考虑如何打造一块值得长期耕耘的"根据地"，同时尽可能地修好"护城河"！更为重要的是，在这个层级上，你的思维要从营业额思维调整为利润思维！

当你能够独立运作，也能有效地管理一个团队，并有了稳定的"地盘"及利润思维之后，很多猎头同行会自然地过渡到创业成长层！

创业成长层的焦点在于：开始自己的事业，并摸索出适合自己的公司持续成长的方法。

关于猎头创业，2013 年，我与我的同事 FMC 上海的总经理潘丽华（Lisa）女士合写过一篇文章，标题是《猎头顾问的职业归属在何处》，这篇文章的基本观点是：如果把猎头作为长期的职业，最终的归属基本上都会是不同形式的创业！

我把这个层次命名为"创业成长层"而非简单的"创业层"，确实是想强调"成长"！猎头行业是生意跟人走的行业，是个极易分裂的行业，这个行业有数万家公司，很多公司只是有经验的猎头顾问开个公司方便自己做单，自己开发票，"蛋糕"的比例多分一点而已。刚做老板的时候，可能很爽；但如果你不能持续成长，其实你只是在提前透支自己将来职业发展的空间而已！因为不能成长，即使公司 100% 都是你自己的，时间长了，也会心生倦怠；但做了老板后，放下姿态，重新打工的难度就高了；而且就算你能够放下姿态，别人也未必敢要你！我几年前写过一篇文章，叫《当猎头公司的老板可能是天下最郁闷的事》，它讲的就是这个道理。

所以，不管是被逼的，还是想通了，抑或是出于情怀，很多想长久发展的猎头公司老板，最终都会进入平台土壤层，创建一个支持大家创业的平台，培植一片能够支持更多创业者的土壤！

平台土壤层的焦点在于：清晰定义并实现平台能够为创业者提供的价值体系！

平台提供的往往不是某种单一的价值，而是多种价值有机组合后形成的成长土壤。不同的平台会形成不同的土壤，孵化出不同的创业者。在这个层面，如果你有足够的想象力，就会衍生出很多种可能……

梳理清楚做猎头顾问所需的 8 个能力框架以及猎头顾问成长的 6 个成长层次后，把它们关联起来，就形成了我们所说的"68 猎头成长操作系统"。（注：你把它叫做"86 猎头成长操作系统"也是可以的，因为我的生日是 6 月 8 日，命名为"68 猎头成长操作系统"对我而言更顺口一些而已！）

🔆 | 68猎头成长操作系统

68 猎头成长操作系统中的 6 个层次与 8 个框架如图 3 所示。

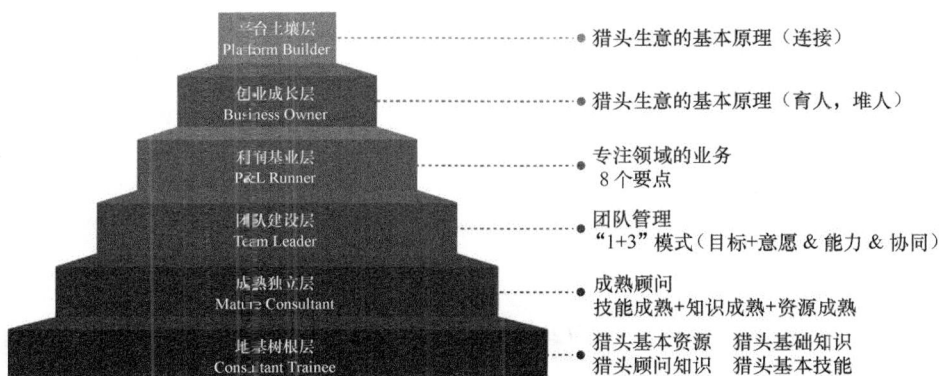

图 3 6 个层次与 8 个框架

借助这样一个系统，有助于我们搞清楚每个发展层次与能力之间的对应关系。

地基树根层：需要强化的是猎头顾问的基本技能，如基础知识、顾问知识，要积累基本的资源。

成熟独立层：强调的是成为在"技能、知识、资源"3 个维度都能达到一定标准的成熟猎头顾问。

针对这 3 个维度设定一系列能够量化的清晰的标准，既可以作为公司构建培训体系的依据，也可以作为新人入行的成长地图。在 FMC，我们甚至在系统上专门开发了一个成熟猎头顾问模块。每个新人入行时，我们都会根据其技能成熟度、知识成熟度、资源程度的不同标准，为之设定一个严谨的成熟顾问计划，定期跟进进展，毕业时还需要答辩。这不仅是新人获得晋升的核心标准之一，而且我们会为通过答辩的同事定制一个非常精美的奖杯，很有仪式感地纪念一下他们的猎头职业里程碑。很多时候，我们培训时很兴奋，但培训后的行为改变却不明显。用前面我们提到的这个方法，能够有效地把突击性的培训活动转化为日常工作中的自然且持续的成长。

团队建设层：你需要在清晰的框架思路的支持下，去摸索适合自己团队的建设模式。

团队建设涉及很多内容，我通常把它归结为 4 个核心要素构成的"1+3"模式。"1"指的是"目标"，在团队中设立多层次的目标并与大家达成共识。"3"指的是"意愿，能力，协同"，发展团队的核心也就是发展大家做事的意愿、做事的能力，以及大家一起做事的协同效率，因为最终达成目标的绩效程度 = 意愿 × 能力 × 协同。

利润基业层：在这个层面，你需要去搞明白我们前面提到的"业务深耕"的 8 个问题。

创业成长层：对于猎头创业的生意原理，我简单地将其归结为"育人，堆人，连接"3 个原则。在创业成长层，核心是需要关注如何育人、如何堆人的能力。从事猎头行业 20 年，我没见过任何一家猎头公司靠"挖人"实现了长久繁荣；同时，猎头生意是个"堆人"的游戏，大体上，你能把人员的规模"堆"上去，尽管单产、利润率可能低，而利润的总量则可能很高。

平台土壤层：关键点在于如何用价值去"连接"的能力。

猎头是个很容易分裂的行业，这有点像堆沙的游戏。玩过堆沙的人可能都有体会，从平地铲沙、堆沙，速度可能很快；但堆到一定的高度后，堆上去的沙很快就会滑下来，持续堆高的难度会越来越大。猎头公司也是如此，从 0 到 500 万元，再到 1000 万元，可能速度很快；过了 500 万元、1000 万元，团队往往就开始分裂了，堆不上去了。平台的意义在于，我们可以换个方法来堆，例如，做一家业绩 5000 万元的公司可能难度很大，但做 5 家业绩 1000 万元的公司却相对容易，并且能达到同样的效果。而这里的关键问题是用什么样的价值如何连接才能让彼此成为一个整体，即成为"群岛"，而不是分裂出去的"孤岛"！

用了很长的篇幅，我们大体搞清楚了猎头顾问所需的 8 个能力框架及猎头顾问成长的 6 个层次，构建了这个"68 猎头成长操作系统"。这个系统有什么实际用处呢？主要有以下 3 个作用。

（1）体检作用：利用猎头顾问的 8 个能力框架了解自己的能力状况，知道自己在哪里。

（2）定位作用：根据猎头顾问成长的 6 个层次，知道自己要去哪里。

（3）导航作用：成长层次与能力框架相结合，知道自己如何去。

💡 | 猎头职业，猎头趋势与猎头成长操作系统

在与猎头同行分享"68 猎头成长操作系统"时，我经常被问到这样一个问题：猎头成长操作系统与猎头职业及猎头行业的发展趋势之间的关系是怎样的？

对于猎头职业及猎头发展的趋势，我基本的看法是：总体来看，猎头这样的行业赚不了大钱，但日子不难过，并且是个非常有意义的工作，因为这个工作可以跟人建立很多关系（在我看来，处理好各种关系，尤其是跟人的关系，是人生幸福的关键）。同时，猎头工作跟人连接的深度与广度都够。更进一步，在"互联网 + 大数据 + 人工智能"对未来职业冲击的背景下，中高端猎头算是"护城河"很宽也很深的职业之一。中低端的招聘会日益成为数据型生意，而中高端的猎头业务

是关系型生意的本质，暂时还难以从根本上改变。这是因为中高端的候选人是非标准的，客户的中高端招聘需求往往也是非标准的，中高端的猎头顾问也是非标准的，而且在中高端职位上，决定招聘与决定"跳槽"涉及的因素很多、很复杂，比较难以量化和标准化……

所以，总体来说，中高端猎头是值得长期从事的行业，但必须要找到方法，避免掉入"工龄长，资历浅"的陷阱。像我之前谢绝的那位猎头顾问，10 多年后才勉强做到成熟猎头顾问这个层次，而 FMC 有相同年龄、资历的猎头顾问基本都在创业成长层了。虽然她有 10 年以上的经验，工资成本比只有 2～3 年的猎头顾问高，业绩却未必能够竞争得过只有 2～3 年的年轻顾问，职场竞争力自然就会越来越低了！

所以，如果你打算长期从事猎头行业，你值得投资时间精力，去打造一个适合你的、高效的猎头成长操作系统！

第4篇

猎头顾问为什么找不到人

【张皓凡】

主编推荐

　　我认识皓凡（老K）不久，确切地说对他有更多的了解是从这篇文章开始的。老K在互联网、移动互联网领域做整体招聘解决方案已有十来年，作为创始人的老K自谦地说："我可能不是猎头顾问。"有着多年企业人力资源领域管理经验的他，确实不能简单地被称为"猎头顾问"。《猎头顾问为什么找不到人》是从结构化分析的角度剖析猎头顾问找不到人的深层原因，然后对症下药，给出解决方案。有意思的是，文中谈及的很多观点及方法不仅能给予猎头顾问思考的空间，还能帮助客户更深刻地了解猎头顾问为什么找不到人。我认为任何以成败论英雄的行业，其结果导向往往是由过程决定的，老K的这篇文章会让大家受益匪浅。

猎头顾问找不到人，这很像一个黑色幽默。

毕竟猎头顾问是以找人为生的，强悍的寻访能力是猎头顾问的生存基础。客户是这样认为的，不知情的外界人士也是这样认为的，甚至连猎头顾问自己也是这样认为的——猎头顾问怎么会找不到人呢？

但事实却是，大部分猎头顾问找不到合适的且数量足够的候选人，来完成对一个职位的交付。

猎头行业找不到人的现状

找不到人是猎头行业的"顽疾"，我们来看看这种"顽疾"的症状都有哪些。

第一，从业这些年，我面试了成百上千的有经验的猎头顾问，发现至少有80% 以上的猎头顾问的核心寻访手段仍然是"搜库"：搜公司的简历库，或者搜智联招聘、前程无忧、猎聘等公开简历库。如果脱离这些现成的简历库，他们对于大多数职位就会一筹莫展。

第二，经常有企业 CEO 或人力资源高管对我说：你来给我的团队做做有关招聘技巧的培训吧，你们猎头顾问一定有一些"高招"是我们不知道的。我说：我们猎头顾问用的方法你们全都知道，无非就是"搜库"、转介绍、做行业组织架构描绘、使用各种自媒体、浏览论坛，等等，我们用的方法你们肯定也在用，你让我给你们培训什么？

第三，所有的这些寻访方法以及相应的沟通技巧，猎头公司在给新人培训时都会教给大家。所以，如今并不存在某种一招制敌的方法——你一学就可以一劳永逸地解决找不到人的问题。也就是说，几乎所有的猎头顾问都知道这些方法，但还是找不到人。这可真是让人一筹莫展的困局。

第四，猎头团队的领导更是对此感到力不从心。自己通过这些方法是能够找到人的，可当下属找不到人时，却无能为力。是啊，方法教了，技能也培训了，各种电话量、面见候选人数量、推荐量的绩效指标也下达了，奖惩措施也实施了，每天的复盘也勤勤恳恳地落地了，但当你一周下来检查结果输出时，下属却告诉你：我还是找不到人啊！你是不是会有一种彻头彻尾的无力感。扪心自问，你就是通过这些方法找到人的啊，为什么他们却做不到呢？

第五，总有那么一些猎头顾问勤勤恳恳、兢兢业业，每天工作 12 个小时，屁股不离凳子，手不离电话，但最终的效果却非常差。这种情况往往会让人不禁怀疑"努力"的可靠性。

第六，仔细观察就会发现这些猎头顾问实际上并不努力，只是做出了努力的样子，或者显得比较努力而已。无疑，他们效率低下。而效率低下的根本原因是什么？答案是"回避困难"。

第七，猎头顾问回避困难会引发公司层面的回避困难，由此形成恶性循环——顾问的交付能力较低。为了保证业绩，公司只能去接手那些简单的单子，而这些简单的单子又不能促进顾问寻访能力的提升，所以就更依赖于单子的易操作性。久而久之，整个公司就陷入了低效的泥潭当中。据统计，目前市场上超过 80% 的猎头公司都挣扎在这样的泥潭中，人均年单产很难突破30 万元。

我也曾长期陷于这样的困境中，并开始思考破局的可能性。

于是我开始更近距离地观察猎头顾问的每一个寻访操作动作，观察他们的时间安排、任务管理，并分析不同的操作方法和不同单子之间的切换节点和原因，通过分析发现了一些规律。

以下这段文字摘自李笑来的《把时间当作朋友》。它比较准确地描述了我所观察到的现象，请子细体会。

任何一个任务都可以被划分为两个部分，即相对简单的部分和相对困难的部分。如果世界上的任务都由简单的部分构成，全无困难之处，那么就没有人会遇到挫折或遭受失败了。可现实并非如此。

稍微思考一下就能明白，合理的时间安排应该是这样的：迅速做完简单的部分，把节省出来的时间用在处理困难的问题上。然而，很多人会下意识地回避困难，因此他们的时间安排是这样的：用几乎全部的时间处理简单的部分，至于困难的部分，干脆"掩耳盗铃"或视而不见，暗地里希望困难自动消失……

寻访工作就是这样的。困难会自动消失吗？肯定不会的。如今的单子只会越来越难做，人也只会越来越难找。太多的猎头顾问只会在"搜库"这样的简单动作上一遍又一遍地重复，希望自己要找的那个人能够自动出现，这样就不用尝试其他方法了。可这样做的结果往往是找不到人。

如果你手头上有不止一家公司的职位，那么操作动作就会是不断地用简单的方法在不同的单子上跳来跳去，最终的结果也会是一无所获。

解释这个问题不是一两句话就能说清楚的，我们还是用一个实际的案例来说明一下。

案 例

客户：××巨头互联网公司。

职位：高级算法工程师。

要求："985"院校毕业，本科以上学历，具有一线或明星互联网公司背景，TOP 10% 的绩效表现和技术能力，在机器学习、自然语言处理、推荐算法、图像识别、语音识别等领域至少居其一，33 岁以下。

薪资：60 万 ~100 万元 / 年。

招聘人数：不限。

稍微有点经验的猎头顾问都可以看出，这个职位的找人难度是很高的，大部分简单直观的寻访手段是不足以找到适合这个职位的候选人的。为了展现分析思路的全貌，我还是尽可能多地把寻访手段都列举出来，看看能从中得出什么结论。

寻访动作汇总

1. 打高质量名单（例如，大公司近 1 年的研发部门名单）。

2. 打低质量名单（例如，二三线互联网公司 3 年前的名单）。

3. 找高质量名单。

4. 找低质量名单。

5. 搜索公开简历库。

6. 搜索公司资源库。

7. 在 QQ 群或微信群发布消息。

8. 建立专属的高效 QQ 群或微信群。

9. 在 QQ 或微信朋友圈发布消息。

10. 积累高质量的定向朋友圈。

11. 微博互动。

12. 脉脉互动。

13. 目标公司的知识共享。

14. 浏览知乎、GitHub 等论坛。

15. 找信任你的高相关的朋友推荐。

16. 找不熟悉的高相关的朋友推荐。

17. 找信任你的低相关的朋友推荐。

18. 找不熟悉的低相关的朋友推荐。

19. 找目标公司目标部门的人做组织架构描绘。

20. 在高相关的公众号中通过互动挖掘信息。

21. 通过 LinkedIn（领英）找人。

22. 找相关猎头顾问交换有效资源。

23. 找相关人力资源顾问交换有效资源。

24. 直接对接客户公司的用人部门领导做寻访脉络和资源的梳理。

25. 参加相关领域的线下活动。

26. 参加相关领域的线上活动。

27. 直接到目标公司门口找人。

上述寻访动作基本涵盖了大部分的寻访方式，其他如全网搜索候选人、用相关软件检索各种资源库等方法虽然有人在用，但不是主要手段，就不一一列举了。就像我之前所说的，猎头顾问找人的方法其实没有什么奥秘，我知道的大家也都知道。真正难的在于"知易行难"。凭借这些方法，有人能找到质量高的候选人，但大多数人就不行。

下面，我们建立一套基本的逻辑分析方法，并用这种方法对以上 27 种操作动作进行分类。

对于任何一种寻访动作，都可以用效率高低和难易程度两个维度对其进行划分。第一象限代表难且高效的寻访动作，第二象限代表难且低效的寻访动作，第三象限代表容易且低效的寻访动作，第四象限代表容易且高效的寻访动作。

在对上述 27 种常见寻访动作的四象限划分中，请大家再仔细回溯一下我们的案例，因为不同难度、不同性质的职位，对于不同寻访动作的象限划分有很大的区别。例如，"搜库"这个寻访动作对有些职位来说，就是容易且高效的寻访动作，但对于另一些职位来说，可能就会变成容易且低效的寻访动作。在我们的这个案例中，"搜库"这个寻访动作无疑是后者，这种判断必须建立在一定的经验基础上。如果我们缺乏必要的经验储备，则容易对寻访动作的效率和难易程度做出扭曲的判断。

当然，有些猎头顾问对某种寻访方式颇有心得。例如，某猎头顾问使用 LinkedIn 找人，并且其在 LinkedIn 上的交际网也非常全面深入，那么这种方法对他而言可能就是容易且高效的。但下面的分类是针对大多数人的，具有普适性。

对于案例的四象限分类，我对 50 多个猎头顾问做过调研。这也是为了避免因为我的个人好恶和操作习惯所带来的偏颇，最后得出的结论大体上是一致的。

💡 | 第一象限：难且高效

1. 找到高质量的名单。

2. 建立专属的高效 QQ 群和微信群。

3. 积累高质量的定向朋友圈。

4. 找不熟悉的高相关的朋友推荐。

5. 找目标公司目标部门的人做组织架构描绘。

6. 找相关的猎头顾问（所谓相关的猎头顾问，就是也做算法的猎头顾问，他手头一定有不少资源是他用不上的，如果与其交换一下，彼此的资源就可能变成"活水"）交换有效资源。

7. 和相关的猎头顾问或人力资源顾问交换有效资源。

8. 直接对接客户用人部门领导做寻访脉络和资源的梳理。

9. 参加相关领域的线下活动。如果有一个机器学习算法的线下分享活动，参加的都是这个领域的人，如果你参加一下、交换一圈名片、扫一圈微信二维码，你觉得效果会怎样？难点是你作为一个猎头顾问，首先要怎么知道有这样的分享活动；其次是你知道以后，怎么获得这个活动的入场券；最后，你确实去参加了，但你大张旗鼓地"挖角"，又如何赢得人心？

💡| 第二象限：难且低效

1. 微博互动。在微博刚兴起的时候，这种方式的效率还是很高的，但现在效果欠佳。

2. 脉脉互动。

3. 目标公司的知识共享。5 ~ 10 年前，各家公司还没有保护意识的时候，知识共享虽然难，但还是比较高效的；但现在，懂算法的人是各家公司的"宝贝"，连个座机都没有，你怎么联系到他？

4. 浏览知乎、GitHub 等论坛。我知道有些猎头顾问对此特别有心得，也确实能找到不少优秀的候选人；但对于大部分猎头顾问来说，因为他们的专业度不够，离找到候选人的目标依然遥不可及。

5. 找不熟悉的低相关的朋友推荐。

6. 在高相关的公众号中通过互动挖掘信息。

7. 通过 LinkedIn 找人。

8. 直接到目标公司门口找人。

💡 | 第三象限：容易且低效

1. 打低质量的名单。

2. 找低质量的名单。

3. 搜索公开简历库。

4. 搜索公司资源库。（大部分猎头公司的资源库里缺少精通算法的人。当然不排除有的公司专注于这个领域，资源库里有不少高质量的候选人，那么这个动作就可以划分到容易且高效的第四象限了。）

5. 在 QQ 群或微信群里发布消息。（同理，如果这个群是你自己专属且和目标职位高度相关的，例如，这个群里的人都是算法领域的高手，那么这种方法就是容易且高效的，但可惜绝大多数人是做不到这点的。）

6. 在朋友圈发布消息。

7. 找信任你的低相关的朋友推荐。

8. 参加相关领域的线上活动。（例如，知乎 Live、公开课、直播等。参加这些活动很容易，但如何和里面的人建立联系则是个问题。）

💡 | 第四象限：容易且高效

1. 打高质量的名单。

2. 找信任你的高相关的朋友推荐。（所谓"信任"，就是只要你提出请求，他就会尽力帮助你；所谓"高相关"，就是他认识一批研究算法的人，例如，算法领域的高手、算法公众号的运营者、经常面试算法候选人的人力资源顾问，甚至是研究算法的大学教授。）

做完这样一个分类，大家都可以自省一下，你自己是怎样安排各种寻访动作的先后次序和时间投入的？团队领导也可以看一下，你的下属顾问又是怎样做操作行为管理的。

原则上讲，无论是对这样一个高难度的算法职位，还是对其他任何职位，我们的操作首先一定要落在第四象限那些容易且高效的寻访动作上。但可惜的是，这种寻访动作正在变得越来越少。究其原因，其实很简单，如果一个职位完全可以通过容易且高效的方法解决招聘问题，那么甲方为什么要把这样的职位给猎头顾问去做，自己操作不就行了？我们在进行业务拓展的时候，确实希望能拿到这样的单子，可惜的是，这样的职位在市场上越来越少。

于是大概率就是，要么在我们完成了为数不多的几个容易且高效的寻访动作后是无法交付项目的，要么是通过这些寻访动作并不能找到足够的人，要么是与这些容易且高效的寻访动作匹配的资源也不是唾手可得的。就拿上面的第一种方法"打高效的名单"来说，如果有这样的名单，寻访当然是容易且高效的，但哪有那么多的高质量名单呢？要么是你通过各种手段，费尽九牛二虎之力去找到这样的名单，那就又变成难且高效的任务了；要么是打那些过期的名单，只有通过大量的沟通、记录和数据清洗，才能把低效的名单转化为高效的名单。

在把几个容易且高效的寻访动作做完后该如何选择呢？

在看完以上的分析后，我相信大部分读者可能会选择难且高效的那个部分，毕竟猎头是以结果为导向的工作。但在实际操作中，情形会大不一样。我曾经仔细观察过一些猎头顾问的寻访动作，他们更多的是跳过难且高效的寻访动作，直接去操作容易且低效的寻访动作来碰碰运气，尽管他们知道这些寻访动作带来突破的可能性微乎其微。还有一些猎头顾问是先试试难的工作，稍稍遇到挑战之后，再转向容易且低效的寻访动作，他们给自己的心理安慰是这样的：我知道那些方法难，但我试过了呀，效果也不怎么样啊，我总不能在一棵树上吊死吧。还有一部分人的操作安排是这样的：先试试容易的，如果效果不好，再试试难的；如果还是没有效果，那么就再转向容易的动作，寄希望于奇迹的出现。

猎头顾问找不到人的根本原因是：用几乎全部的时间处理简单的部分，不管效果如何，反正自己也在"努力"找人了，对于困难的部分干脆"掩耳盗铃"、视而不见，暗地里希望困难自动消失，或寄希望于奇迹的出现。而偶尔一两次的好运气，又会强化他们的这种侥幸心理，从此他们就会远离那些困难的方法。这种借坡下驴的心理习惯是这么容易就可以被建立起来的，于是当某天你发现以前的方法都不奏效后想要转身时，却发现破除这种心理习惯远比你想象的要难很多。

我曾经听无数猎头老板跟我抱怨，用一个有经验的顾问，还不如直接用新人省事。我自己其实也有这样的体会。究其原因，去除这种积习确实远比培养一个新人要难很多，失败的概率也是成倍的。当然，使用拥有良好习惯的顾问不在此列。但现实是，这样的顾问在行业中又太少了。

🔆 | 几点建议

第一，必须建立这样的认知：在如今的猎头市场上，用简单的方法能够搞定的职位越来越少，而且只会更少，这种趋势会日益加剧且无可逆转。简单的操作方法也许能够保证你有 20 万元的年产出，但再往上则几乎是不可能的。

第二，大部分难且高效的寻访动作之所以难，是因为它们需要长期的积累。例如，我们上面列举的"建立专属的高效 QQ 群和微信群""找不熟悉的高相关的朋友推荐""找到高质量的名单""和相关的猎头顾问或人力资源顾问交换有效资源"等，都不是一蹴而就的方法。只有在专注的领域内长期积累，你才能把这些"难且高效"的寻访动作逐渐转变为"容易且高效"的寻访动作。不积累就找到容易且高效的寻访动作是不切实际的幻想。

第三，在接到一个新职位后，试着用上面的四象限法来分析一下所有的寻访动作，分出容易且高效、难且高效、容易且低效和难且低效的动作。基本的操作顺序和时间安排是先做容易且高效的，聘书拿到了固然好，如果没有，则立刻转向难且高效的动作，并在此投入大量的精力和时间；尽量规避容易且低效的寻访动作的诱惑。当然，必要的容易且低效的寻访动作还是要做的，但这些动作耽误不了太多的时间。"搜库"要不要做？如果简历库的质量很高，当然要做；但如果不高，那么不做也罢。最后，至于那些难且低效的动作，我想应该没有人会笨到在那里浪费时间吧。

第四，上面是针对单一职位的寻访动作组合所做的任务管理方法。如果你要在一个时间周期里做多职位操作，该怎么办呢？寻访动作可以根据效率和难易程度分为四象限，职位当然也可以做这样的分类。容易且高效的职位一定先做，然后是难且高效的职位，那些看似找人简单但实际上非常不靠谱的职位，要舍得放弃。

第五，大多数猎头团队都会有很强的业绩压力和绩效考核指标，例如，电话量、推荐量、面试量等。很多新的猎头顾问会不自觉地忽略最终的结果而陷入过程性指标中，典型的行为就是"用数量来冒充质量"，一天打上百个无意义的电话，做大量的低质量的推荐，貌似很努力，也确实完成了公司下达的过程性指标，但实际的录用效果却很差。应该说，在所有的寻访动作中，那些难且高效的动作是很难产生很漂亮的过程性数据的，往往都需要大量的搜寻、分析、匹配，才能产生几个有效的沟通。而在短期的业绩压力导向下，操作那些难且高效的动作往往是吃力不讨好的，一时半会儿没有什么具体产出，几个回合下来，你自己都会心慌，对自己的判断会产生极大的质疑。这时，如果再有领导和客户催促你，你就会转向那些容易且低效的寻访动作，从而把自己的寻访流程引至恶性循环中。因此，猎头顾问自身需要有很强的定力和方向把握感。但更重要的是，领导要把控好项目的进程，平衡好短期行为和中长期收益，从最终的结果出发，给予下属正确的指导和激励。

第六，无论是寻访动作的四象限判断，还是职位的四象限甄别，都是非常依赖经验、行业以及市场认知的。猎头顾问在初期通常很难做出准确的评估，从而导致其在该发力的地方没有发力，在不该发力的地方却发力过多。这时就需要团队的领导者或猎头公司的老板给出明确的指导，帮助猎头顾问在能够产出的地方以高效的方式投入时间与精力。

第七，上述的四象限方法其实也是一种管理团队效率的思路。当你定了目标、培训了技能、制定了不错的激励措施之后，团队的业绩还是不理想，那么很有可能是他们的任务管理、寻访习惯和时间安排出了大问题。循着这种思路，你可以判断你手下的猎头顾问是否在以高效的方式工作，并且可以给予他们明确的指导意见，我想找不到人这个"顽疾"应该能在一定的程度上得到解决。

第八，如果效果还是不好，那可能就要看看团队的选人思路是不是出了问题。这大概是我的下一篇文章要探讨的内容了。

第 5 篇

猎头顾问如何进行"操作系统"升级

【王泓萱（Amanda Wang）】

主编推荐

第一次见王泓萱是在俏江南，很短的工作午餐时间让我对这个"小女生"刮目相看，她也由此孕育了本篇佳作。本文深入浅出地谈到在"与机器赛跑"的时代，猎头顾问该怎样提高自己的核心竞争力。这里所说的核心竞争力就是文章中所说的"操作系统"。王泓萱作为战斗在业务第一线的资深顾问，对于这个话题更有发言权。相信本文会给大家带来更多的启发，让你在"共性"之余挖掘"个性"，更精准地升级自身的"操作系统"，以适应猎头市场的风云变幻。

正在看此文的猎头公司管理者和猎头顾问，我想问问大家：最近两年的业务与两年前相比有什么变化？市场变化趋势有怎样的调整？猎头需要顾问在日常工作中进行什么样的技能和脑力升级，以应对市场的变革？现在的猎头顾问正处于一个"内忧外患"的焦灼期，外有互联网招聘平台、大数据匹配技术、客户公司内部招聘团队和内部推荐项目对猎头招聘业务渠道的分割，内有个人认知和技能局限的瓶颈制约，以及日夜相伴的业绩达标的压力与焦虑。

现在，我们正处于一个古今中外的大变革时期，尽管第三次工业革命仍然风起云涌，但人工智能时代已经到来，曾经遥远的"与机器赛跑"已经不再是科幻小说的经典桥段，而是赤裸裸的现实。今天，我们过去认识世界的知识体系与边界骤然瓦解，新的认知边界正在重建。每个行业都在经历变革。

对于人类而言，人与人最本质的区别在于"操作系统"的差别。"操作系统"一词源于计算机行业，它是计算机运行的核心软件，是底层的逻辑运行系统。操作系统的架构设计优劣决定了上层软件的运行效能。众所周知，微软在互联网领域几十年独领风骚的成功就是源于操作系统 Windows 的全体盛行，这足以见得操作系统的重要性。对于猎头行业而言，猎头顾问的"操作系统"包括哪些方面呢？

💡 | 知识体系："硬性知识"和"软性知识"

我们的知识体系可以有不同维度的划分，本文把它分为"硬性知识"和"软性知识"。

具体来讲，"硬性知识"包括但不限于以下几类：科技知识、政治文化知识、历史知识、人类认知知识、思维方式知识，当然还有一直需要更新的行业知识等。

"软性知识"更多的是侧重于人类"冰山下面"的知识，例如，学习和实践教练技术、神经语言程序学（Neuro-Linguistic Programming，NLP）等。猎头顾问在日常工作中接触的候选人、客户以及同事，大多数是其所在领域的优秀人才，他们的目标一般是向着更优秀的人生迈进。因此，如何识别和激发他们的驱动力和潜能，就是优秀猎头顾问和一般顾问的区别之一。因此，多积累有关人类潜能的知识和技能就是我们自身操作系统升级的隐秘点之一。教练技术是通过谈话来促进被教练者通过内在思考，发现及释放自己的潜能，从而实现自己想要的结果的过程。NLP 的发现者对人类的沟通模式进行了归纳和总结，得出人类语言对身心起作用的程序，总结并教给其他人。其他人吸收这些程序后，也能够拥有类似的成功模式。

学习和实践教练技术与 NLP 的意义在于，它们可以让一个人成为更好的自己。对于变革时代的优秀猎头顾问而言，他们正处于飞速变革的社会转型的关键时期，在日常的工作和生活中不可避免地会遇到很多挑战和难题。一旦他们自己的软性知识体系持续迭代更新，就可以让其自身充满无限的创造性，同时也能让其拥有自主解决问题的丰富资源。这样一来，当猎头顾问在处理招聘工作的时候，也能够给客户和候选人带来创造性的解决方案。

💡 | 对人性的升级认知与接纳：基于人性的善，共情和接纳人性的"七宗罪"

对于"做人的生意"的猎头顾问而言，他们如今面对的变革异常突出和剧烈，其容忍度和包容度要超越以往，这样才能更加深入地理解人性在这样的变革时代中出现的焦虑、无助、随意、无所适从、挣扎，甚至是变化多端。

例如，一个与你合作过且让你异常崇拜的创业 CEO 平时做人做事非常正直，是一个令人高山仰止般的人物。然而，当业务出现前所未有的大转型时，他也会像一个不知所措的孩子一样。在遇到不擅长的事情时，他会把下属推到"风口浪尖"上，自己却躲起来不愿意面对转型和变化。然而，当我们一旦能够穿上他的"鞋子"，站在他的角度去看待这些让他躲起来的转型和变化时，我们会发现，其实他也有了人类所共有的弱点。进一步说，鉴于他是公司的 CEO，他没有老板可以给予他建议和意见。事实上，他每日都面临着无人能理解的孤独和没有"上级"能够指出他短板的窘境。理解了这些背后的故事后，我们就会恍然大悟：他是在盲点的情景中，无意识地表现了矛盾性。作为他的猎头合作伙伴，我们在理解这些后，就可以试图找到解决方案。例如，在寻访高管的过程中，我们对于潜在高管和 CEO 风格的互补兼容就有了相应的脉络，大致可以知道什么样的高管可以帮助 CEO 处理他不擅长的事情，什么场景是 CEO 的盲区，我们在哪些方面可以帮助高管在入职初期顺利度过这个阶段。

因此，对于要与时俱进、持续成就高业绩的猎头顾问而言，当我们对人性的认知升级到更多元的维度时，即便在职位流程推进中遇到各种难题，也可以进退自如。对人性持有辩证认知不仅能够增强我们操作系统的兼容性，更能让我们在茫然中找到突破点，推动事情的进展。

🔅 | 从时间管理到精力管理

面对急速变革的现在和即将到来的人机时代，我们过往的方法已经过时，结构化的思维是我们的理论基础。同时，变革的加剧使我们的时间管理和精力管理变得尤为重要。因为时间是很难准确管理的，我们每个人每天只有有限的 24 小时，然而我们的精力却是无限的和充满创造性的。因此业界才有理论说：精力才是我们有限的人生中可以被管理的。我们不妨做个小实验，大家可以对比，当在网上购买一个物件时，如果同时在几个平台比较，当两个小时的比价购物结束时，大家的精力状态是怎样的？如果这两个小时只是在某个网站寻找某个物件，大家的精力状态又是怎样的？当我们在不同任务之间不断切换时，事实上，我们的精力消耗是翻倍的。对于 360° 顾问而言，他们同时还要对接客户和候选人。如果在半天的工作中，你既做了聘书管理，又面试了候选人，同时还要给几个客户打业务拓展电话，如此下来，你一定会感到筋疲力尽。如果每次的工作都不聚焦，那么你必然会逼近精神和体力崩溃的边缘。

因此，你需要做的是每日提前制定好第二日要达成的数字化工作目标。例如，要发出几份简历？面试几个候选人？要有几个转介绍？等等。关键是要写下具体的要完成的任务清单，并根据事情的轻重缓急分配任务的具体实施时间，先做最难的事情。每天工作结束时反思当日的工作目标与结果之间的差异，寻思出解决方案和改进方案。每周每月进行相应时间段的回顾，把精力放在最重要的事情上，减少在琐碎决定上花费的时间，像对待金钱一样对待时间。通过基于时间安排的精力管理，我们可以主动站在时间面前，做到极致高效，实现升级。

💡 | 创业家思维：勇于冒险，敢于试错，迭代思维

现在各行业的入口和市场红利已被减弱。因此，想要继续在市场上立足，是需要创业家般的思维的。创业家思维包括勇于冒险、敢于试错、不断迭代。我们处于世界的变革时期，若想不被摒弃、与时俱进的话，我们自己就得变成所处业务领域的创业家，因此我们的头脑就要是创业家的头脑。事实上，我们的候选人也是其所处业务领域的创业家。

对于真实世界中的创业家而言，他们能够胜出一般人的原因在于：敢于冲在前面直面风险。直面的意义在于，面对未知领域的探索，能够在实践中验证商业想法，打磨商业模式。同时，在前进的过程中，能够容忍现实的不确定性，同时要敢于犯错，在计划、行动、检查的循环中实践、迭代。对于每日推动职位寻访进展的猎头顾问而言，他们的业务推动何尝不是这样呢？

对于猎头顾问而言，在升级的操作系统之上会发现，当自己不断迭代的时候就会接近世界的原貌：世界不是简单的二元对立，其中的各种元素是相辅相成、互相转换的，这构成了一个"你中有我，我中有你"的整体。相应的，我们的思维也要是整合的世界观，它的基础是一种整合的思维。整合思维是指一种能够同时容纳头脑中两种截然不同的思维的思维方式。《了不起的盖茨比》的作者弗朗西斯·斯科特·基·菲茨杰拉德（Francis Scott Key Fitzgerald）曾经

有一个著名的论述："第一流的智力是大脑中同时存在两种相反的观点，与此同时，却依旧可以正常运转。"一个人尽管看到了事情的无望之处，却还能做出有望的行动。如此，我们可以让自己在曾经束手无策之处找出超越我们过往想象力的解决方案，持续地进行"操作系统"升级。

第 6 篇

内向型猎头顾问如何打造自己的品牌竞争力

【杨莹（Echo Yang）】

主编推荐

通常，与人打交道的行业或职业由于其特殊的行业属性，对于从业者的个性要求会更倾向于外向开朗，这是一般的逻辑。杨莹谈的这个话题很有意思，内向型的人难道真的与猎头行业无缘了吗？或者说，内向型的人就一定不能在猎头行业发挥所长了吗？

伯乐多年来也在持续研究个性与猎头顾问个人业绩之间的关联。通过建立数据模型，我们发现那些业绩长期保持在较高水准的猎头顾问，并不一定是外向开朗型的。相反，占绝大多数的反而是介于内向与外向之间甚至是偏内向的猎头顾问。（注意：我这里谈的是长期保持业绩稳定，对于短期业绩，我相信外向型的猎头顾问更具有优势。）

我认为，无论在什么行业，个性没有绝对的好与坏，正如杨莹在文中提到的："超性格发挥"恐怕才是最重要的。这句话讲得十分在理，值得大家细细品味。

说到出色的猎头顾问，我们心中对这个角色其实是有画像的。

专业体面的行装配置，热情自信的美式笑容，娴熟老练的社交技巧，流畅且具有说服力的沟通语言……这些特质帮助猎头顾问在极短的时间里获得了客户的关注。这些关注有可能在猎头顾问推广自己的服务、品牌和候选人时，帮其抢占先机。

同时，我随机翻查了近 50 家猎头公司的招聘启事，无论是千人行业"大鳄"，还是三五人的小微公司，没有一家企业会漏掉的要求是：主动积极，表达力强，结果导向。许多面试官告诉我，他们觉得外向一些的人更容易具备这样的行为特征，所以外向型的人会被优先选择。虽然"50"这个数字在整个行业中所占的比例很小，但是仍然能够代表该行业招聘猎头顾问时的普遍性意愿。

猎头行业的高度竞争强调冲劲与速度。因此，外向积极的性格往往被认为是这个行业的必备要素，而外向者也被赋予了"可能更有能力"的光环。与快速行动、机敏善辩、强势推进这样的行为特点相比，内向型的人慢热、迟疑、温和的行事步调往往是被担心的。我们身处一个"外向理想型"（Extrovert Ideal）的行业价值体系中，几乎每个人都相信最理想的状态是善于交际、健谈并且机敏迅速。

"喜欢和人打交道""希望认识更多优秀的人"，这是大部分猎头从业者在加入该行业时，对潜在雇主和自己表达出的理由。这些话被说出来的时候，没有谁真的在撒谎。然而，在进入猎头行业并真正发现和经历了我们需要处理和面对的实际状况后，至少一半的内向型猎头顾问或者以为自己是外向型猎头顾问的人都会感到焦虑和失落。

虽然感到焦虑和失落不会是"内向"或"外向"的评判标准，但是不可否认，内向型猎头顾问更容易在需要面对大批量陌生人、进行艰难对话并抢单的过程中感受到十足的压力和挑战，甚至对自己充满怀疑。而这些恰好是猎头行业从业者每天都需要经历的。

已经进入这个行业的内向型猎头顾问，是否真的选错了自己的职业路线？

雇主又是否真的招错了人？

在这个注重自我推销并且典型"外向理想型"的价值系统中，苦恼于那些挑战但又确实喜欢咨询行业的内向型猎头顾问，又该如何打造自己的竞争力和个人品牌，在这个行业里愉快并有成就感地发展下去呢？

这些话题，是我在这十几年来经历自我成长、团队培养、人才培训发展和万余中高端经理人的评估辅导后，想和大家一起讨论的。

☀ | 外向型的人真的更适合猎头行业吗

心理学家荣格在 1921 年出版了一本重磅心理学著作——《心理类型学》（*Psychological Types*），此书把内向型与外向型作为人类性格的中心建构。在荣格的定义中，乃至当代心理学家在对其理论的发展进化中也仍然达成一致的是，内向型和外向型的区别主要是激励体制中倾向的刺激来源不同，也就是我们所说的心理能量的获取方式不同。内向型的人主要从内在获取能量，例如，独处、读一本书、与朋友深度交谈；而外向型的人主要从外界获取能量，例如，结识新朋友、参加气氛热烈的派对、做剧烈的运动、听大音量的动感劲爆音乐等。

外向型的人倾向于速战速决。他们习惯迅速做决定（有时是冲动的），而且更适合处理复杂和冒险性的任务，他们享受这种为了奖赏（如金钱和地位）而"追逐的快感"。他们可以从容地处理冲突，却对孤独无能为力。

对于内向型的人而言，独处对他们来说是一种享受，他们也许可以在酒会上或出去玩闹时笑脸相迎，但是不久后，他们就希望可以在家里穿着睡衣走来走去。他们更喜欢在一段时间内致力于做一件事情，容易进入状态。这类人往往在面对金钱和名利的诱惑时表现得相对淡泊。在处理问题时，步调更缓慢但更具有目的性。他们是很好的倾听者，开口发言必是三思后的主张。他们讨厌冲突和冒险。有些内向型的人对简短的对话感到恐惧，而对于深入的交谈却能收放自如。很多内向型的人同样也是"高度敏感"的人，他们不但善于感受和觉察自己的内心，还对他人的细微变化与心理有敏锐的观察和捕捉。

从 1909 年"帕森斯的特质因素理论"开始，"人的个性要和工作特质匹配起来"这件事已被强调了一百多年。如果人的兴趣、能力、价值需求、人格特征等能够与职业和工作所拥有的独特的工作任务和所需的技能、要求、报酬等属性特征很好地匹配，那么个人与雇主的满意度就会很高。

由于我们的行业和主流岗位特质需要速度和结果，所以可以理解前面提到的招聘启事以及面试官的态度。然而，是否只有外向型的人才适合猎头行业，或者只有外向型的人才更可能在猎头行业里做出成绩并获得持续且强烈的成就感呢？

首先，"快"是个优点，但猎头行业的优秀猎头顾问需要的远不止速度。

自从 Web 2.0 时代开启，世界逐步透明化。企业找些简历数据，候选人获得几个职位信息和面试机会，已经不是难事和挑战。此前，我国猎头行业利用信息不对称而获利十余年的工作和牟利模式突然变得越来越艰难。

在如今的招聘市场上，人才才是甲方。一个不太优秀的候选人拿到三五份聘书已经是很正常的事，市面上也总有新鲜的商业模式和品牌冒出来为其提供机会，而其最苦恼的是，尽管每天有好几个猎头顾问打电话来游说，但其仍然不知道该如何选择。

一个人力资源经理构建十万数量级的人才库已经成为可能，但是面对大量的数据和想法多变的候选人，以及用人部门总是很理想化的招聘需求，恨不得三头六臂的他需要的是猎头顾问一语中的的匹配建议，如果猎头顾问还能帮助他一起管理内部需求并且增强影响力就更好了。

而以上这些需求需要的是猎头顾问的耐心和对人的关注，是其与人沟通交流时对情绪和心理细节的觉察，对信息本质的分析判断，对更为深入系统的专业知识、评估方法以及具有洞察性的思维能力的持续钻研，对人多、事杂、风险多的招聘全流程周全且前瞻的计划运筹等，而这往往是那些慢热、谨慎、安静的猎头顾问更容易习得甚至具有天赋的本事。

其次，搭建团队和找对象一样，可以互补的往往能走得更远。

外向型的人深受欢迎的特点在一些情境下也可能会变成缺点。他们冲锋陷阵、乐此不疲，但是容易在细碎的常规事务，如录数据做统计、做周全计划时抓狂、含糊。他们乐于接受金钱和荣誉的激励，但是容易陷入眼前利益而忽略长远目标。他们不畏冲突、激情勇敢，但是容易在协作中火爆武断、冲动行事。他们能给团队带来活力和欢笑，但是容易在团队出现低谷和缺乏刺激时迅速失去耐心。他们追逐跑在一群人前面的快感，但是容易忘记团队目标而变成个人英雄。而内向型的伙伴，恰好会成为这些转折下非常棒的黏合剂与忠诚的承担者。速度＋周密，闯劲＋耐心，前锋＋后援，侠士＋智囊，各种不同的组合方式让团队变成一个在各种挑战和情境中，有不同打开方式和适应能力的有机组合。

与刻意筛选有关，在猎头行业的大部分团队里，外向型的人居多。同时，因为我们从小就被家长和老师告知，好的性格就是要开朗、勇敢、善于交际，所以也会有大量本质上是内向型的人，或者基于需要被认同，或者已经丢失了对自己的真实评价，而"表现"得和外向型的人一样，并以外向型的行为特征来要求和评判自己，结果反而使团队对于"好行为"的评估方式变得单一，团队技能也变得单一。本来可以强化团队竞争力的特质由于不被识别，也不受鼓励，很可惜地被掩藏甚至被磨灭了。

最后，我们要面对的人群是多样化的，需要不同的人去"搭配应对"。

我们各种各样的目标行业有不同职能特性基因，客户尤其是候选人的类型是多元的。前面说到顾问价值的打开方式，现如今强调的是信任建立和影响力的深度，做同频沟通，其实先让同类相吸是个好办法。往往有研发、财务、生产等工种的候选人面对"连环炮"一样热络"轰炸"的猎头顾问时，头皮发麻到拒接电话。而这类猎头顾问面对相对沉默寡言、谨慎防备的候选人时也是头疼不已。但是如果针对目标人群的特点来匹配猎头顾问，同一个"世界"、同一种"语言"反而会让沟通和信任的建立变成更容易的事。

另外，哪怕是营销类等对外的职能模块，尤其是高级管理者群体，也逐渐变成内向型猎头顾问的"天下"。这类群体具备成熟的人际沟通、冲突解决、横向影响的能力，他们中的大多数是有能力"超性格发挥"的内向型人才。他们更在意猎头顾问对自己的理解深度、可圈点的专业水准和可靠稳健的行事风格。这也是为什么猎头行业内那些能持续稳定地斩获大单，并在高层人群中具备优质口碑和影响力的猎头顾问，往往也是一群可以"超性格发挥"的内向型人才。

同样是"超性格发挥"，内向型猎头顾问的突破路线和难度其实小于外向型猎头顾问。

💡 | 内向型猎头顾问：找到自己特点的正确打开方式，让"超性格发挥"成为可能

已经入行的内向型伙伴，在拼速度、亮口才、搏数字的日常中，往往容易感受到挫败和孤独。是真的选错职业了吗？其实并没有。文章开头提到的那些压力、挑战与困惑，往往只是我们弄错了自己特点的打开方式。

我自己就是典型的内向型猎头顾问，然而这并没有妨碍我在一个结果导向的行业中成为百万顾问的培养者和管理者、一个横跨甲乙方 BC 端的培训师和高管教练，以及一名"做人的生意"的创业者。

对于那些无论是业绩还是能力都占据行业前 10% 的前辈和朋友，如果观察他们工作之外的样子就会发现，他们中的绝大多数都并不外向，只是他们接受了真实的自己并且善于使那些看似"不匹配"的性格特点发挥出正向作用。从过去十几年里我支持过的上万中高层管理者的数据比例来看，也是如此。

我们不妨来看看，这些可以"超性格发挥"的内向型人才都做了些什么。

首先，正视自己并且欣赏自己的特点，绝对是一个明智的做法。

内向型的人虽然往往被和"羞涩""胆怯""慢条斯理"联系在一起（这个联系没错，例如，我的"慢"就折磨过不少人，咱们《大猎论道》专栏的 Carol 姑娘就花了 10 天时间催我交稿），但这绝不是这群人的全部特点。

我在前面曾提到，不只猎头行业具有"外向理想型"的价值系统，甚至我

们的整个社会都是如此。从小，我们的不合群、沉默寡言、自言自语就容易受到家长和老师们的修正，连我们自己都相信了，不善言辞、人一多就容易紧张、反应慢是我们的缺点。当我们满心憧憬地将自己送入猎头行业时，五彩缤纷、兵慌马乱的行业特点没有几天就把我们吓傻了，起码我是这样。

并不是那些没完没了的陌生沟通、推销电话和数字考核让我们坐败，而是我们对自己搞不定这些事情，或者不能那么轻松愉快地搞定这些事情所产生的失望、否定和批判，使我们在那些日常任务中垂头丧气。人的个性虽然会变，但是本性的坚固以及能量源的忠诚还是令人降服的。与其苦恼怎么变成另外一个人，不如发自内心地欣赏自己的特点，然后给它一个合适的打开方式。这样，整个世界都会豁然开朗。

例如，面对巧舌如簧的候选人，我的忐忑多半源于很难驾驭这次谈话，以及说服这样的人。如果我不那么在意非得当一个同样圆滑世故的人和他拼口才，那么我就不用紧张了。我的木讷从另一个角度看也可以是一种淡定。我可以去听他说话的意图，而不被其中激昂的情绪所裹挟；可以去观察他的眼神，来分辨交织在飘忽闪烁与坚定自信之间的信息如何被采信和借力打力。

面对高层或专家型人才，我对他们的专注、水准、洞察的好奇以及崇敬就是我们之间的连接。随着讨论一点点深入，更高级的信息、观点、思维方法也可以进入我们的脑袋，在别的场景中持续发挥作用并整合壮大。

在供应商大会上面对不苟言笑、一脸严肃的重要人物，我会焦虑得去好几次洗手间。紧张归紧张，但这不妨碍我使用翔实的数据、可靠的证明、坚定的眼神以及从容的语词，告诉他应该给予我们什么支持，应该怎样优化内部管理配合，应该如何协力做好口碑的建立和人才的争取，甚至是为什么应该给我们一个更好的价钱和优先合作权。

这种不急、淡定、分析、观察、研究、深入探求，就成了我们在同行里最具有差异性的竞争力。

另外，我骨子里并不机灵，很多时候朴实得有些过分。但是我在接受和欣赏自己的这个特质之后，也可以将其变成一种真实和踏实。不一定每个人都能一下子找到自己的特质，但我们可以慢慢去找。内向型的人一般都很真实、质朴、负责。这种"不抖机灵"带来的好处是，与我们合作的人发现我们的行为是可以预测的，反而让其更有安全感。相对来说，我们不会一下子开心、一下子发怒，不会今天这样、明天又那样。"你办事，我放心"是我们经常得到的评价。这种稳定发挥的能力也是我们的竞争力之一，无论是对客户、合作方，还是对我们的老板、下属而言，都是如此。

我们不喜欢短期行为，但这不代表我们不重视目标。反而，我们有可能基于对长远目标的渴望和尊重，有更大的决心和毅力去完成挑战、突破自我。如果需要更加大胆主动，如果需要不断探索、拓展新领域，如果需要更积极的感召让他人认识自己的团队和品牌，这对于内向型的人来说不是不可完成的挑战。有趣的一点是，内向型的人因为从小与外向活泼的人相比更难得到夸奖和关注，抗挫折能力成了他们可以从小被训练的本事。

其次，要正视自己可能存在的减分模式，并予以改善。

内向型的人考虑问题比较周全，但同时也容易变成一种多虑和谨小慎微的特质。其实很多老板之所以担心内向型伙伴的行动力，就是因为他们往往会三思而后行，而这在现实的竞争中就特别容易错失先机，而且容易加大沟通中的猜测和隔阂。

正向的"周全"是否变成负向的"多虑"，其分界线是，三思的是针对实际存在的挑战、困难筹划不同的解决方案，还是只沉浸在"做了或说了这件事万一有不好的影响怎么办""别人会怎么说、怎么看""不是最好的怎么办"等主观臆断的干扰上徒增烦恼。

减少自己在主观臆断干扰上的纠结，增加自己聚焦于目标而铺排的危机分析和解决方案，我们的"思虑能力"就得到了正向发挥，甚至能做出差异化的积极贡献。

当发现自己驻足不前、瞻前顾后时，就要好好看清楚，自己思虑的是臆断干扰还是客观挑战。这样一来，内向型的人在纠结上浪费的时间就会少很多，行动力也会得到提升。

另外，在互联网时代，"迭代精神"成为一种时尚，即边做边准备，不一定非得准备好了才做。这样的话，周全型的内向型人士也不至于在万事俱备后，发现机会已失，懊恼不已。

最后，找到个人的核心驱动和愿景，让自己享受到职业中马斯洛顶层的成就感！

"超性格发挥"不只是适应这个行业的要求，更是让自己的能力素质有弹性。其中，持续愉悦并有成就感也是一件大事。毕竟对于我们这种内向型的人来说，开工干活、努力拼搏不只是为了挣钱争名，更希望得到精神世界的满足。找到个人的核心驱动力及愿景是一个好方法，它能够增强自己的动力，也能够在外部考评方式比较单一的现实中，让自己找到更多可以获取成就感的认可角度。

而且，内向型的人在找到个人的核心驱动力与愿景后，也更能说服自己主动地采取自我性格之外的突破行动。而在确定个人的核心驱动力和愿景时，有以下 3 个关键步骤。

第一步，回想一下你年少时最喜欢做的事是什么。

对于"你长大以后想做什么"这个问题，可能当年的我们在亲友面前和毕业留言簿上给出的答案是不着边际的，但那背后隐藏的却是真实的渴望。

例如，你小时候想做一名飞行员，那么飞行员对你而言意味着什么呢？是翱翔蓝天的追梦者，保卫国家和人民的勇士，还是对高难度系数驾驶技术的挑战者？如果你想成为一名演员，那是因为你想穿上华丽的戏服、有精致的装扮，还是你渴望得到雷鸣般的掌声，或者是你喜欢将一个人物或者一段人生从抽象的剧本词句中具体地演绎出来的惊喜感？

在考虑过这些之后，你会比现在更了解自己。

我儿时的偶像是杨澜和闾丘露薇，理想是成为一名记者。在成为一个业绩出色但内心越来越困惑的猎头顾问后，我回忆起"儿时的理想"。

我发现我之所以想成为一名那样的记者或主播，是希望我渴望像她们那样，有机会访谈、探索和见证不同的故事：从一些人生故事到一些国家大事。我一直记得在凤凰卫视的插播广告中，闾丘露薇那句字字叩击我心灵的"当大事发生时，我在场"！

我突然发觉，虽然我没能成为一名记者或主播，但我现在的职业却使我成为一名"见证者"：我见证着数以千计的候选人的进步与成长，我见证着上百家企业客户商业成就的步步壮大和实现！我甚至还影响和促进了一些行业的壮大，一些候选人的精彩突破，并且这些影响未来还会更大、更深入！

候选人看似在选择工作，实际上选择的是自己未来几年的"活法"；企业看似在选择候选人，实际上选择的是组织未来几年的"活法"。而我，是其中的点燃者、推动者和见证者。

原来这就是为什么，在体力、脑力消耗都超大的日复一日的电话沟通、面试、推荐、商讨谈判中，我不由自主地坚持下来的深层次的也是真正的原因。这也是，即便资历久了我会逐渐麻木于针对战绩的经济褒奖和职位提升，但我仍对这个行业保持爱意的源泉。

第二步，注意那些对你很有吸引力的工作或任务。

访寻和一次次的职位介绍很枯燥，对我这种排斥"推销"和"忽悠"的人来说也是十分痛苦的。但我发现自己在一次次的沟通中，很喜欢请教和聆听那些有关候选人的行业与工作的挑战和应对的心得。

虽然这导致我的每一通电话都会比其他人花更多的时间，总是无法在每日的电话量上名列前茅，但是当我发现自己在交谈中沟通的内容特点和作用后，我发觉这些其实是可以弥补我不擅长"推销"的短板的！

于是，我将"营销"策略调整为，通过对候选人更深层的成就感和匮乏感的了解，针对不同需求，配上不同的"素材"，整合和运用此前的沟通中别人分享给我的那些对于这类工作或者挑战的洞见，来激发对方的反思、兴趣、好奇与斗志。同时，这些"素材"也打消了对方对于不确定环境与挑战的不安。

虽然此后我仍然无法打出无懈可击、充满创意的陌生电话，但是我却"一步到位"地完成了与候选人更强的心理安全感的连接，得到了更加充满信任感的合作互助，还有令人惊喜的口碑推荐。

第三步，重视那些让你觉得嫉妒、眼红的事情。

嫉妒是一种不受欢迎的情绪，却相当能说明自己的真实渴望。我们通常会嫉妒那些拥有你所渴望的一切的人。在一次同学聚会上，大伙儿多半在谈论一位在事业上平步青云的同学。起初，我认为他们的言辞比较片面，我甚至还颇为欣赏自己的"脱俗"与"客观"。可当我扪心自问最嫉妒哪种人时，答案很快就在脑海中冒出来了——就是那几个经营着创新生意的企业家和成为作家的朋友。

其实很感谢你们，这个发现让我从那一刻起，开始努力成为这两个领域的人！

没有那个嫉妒里的新发现，就没有现在的自己了。

写到这里，我发自内心地想邀请大家试一试我刚才推荐的"三步法"。如果有什么惊喜发现，很期待你与我们分享。

然而必须承认，即使我们这些内向型的人找到了核心驱动力与愿景来拓展自我的边界时，我们也真的不想偏离自己的本性太多或者太久——毕竟那样会越来越痛苦。

其实，更自在地"超性格发挥"的方法就是，尽可能地保持真实——为自己在日常生活中创建尽可能多的"能量补给站"。

"能量补给站"是指当你想回归真实的自我时要去的地方，或者可以做的事。

它既可以是空间上的，就好比陆家嘴绿地或人民公园的几处小径（这是我曾经在那里上班时，希望补充能量的去处）；也可以是时间上的，例如，在两个谈判/销售电话之间为自己留出几分钟看看盆栽新芽的时间；它还可以是你即将在一次供应商大会上演讲或者述职会议的前一晚，给自己留出一点时间所做的瑜伽、冥想、练字、读书、写日记等事情。

对于"那些令我感到愉快的事"，你绝对值得列出 100 条。随着清单越列越长，你会发现，内向型的人充电、补充能量的方式，从"出逃一个月去海滩或山林避世"，可以一下子丰富到"观察恒生银行楼下的樱花""品尝新泡好的绿茶清香苦涩的味道"，以及"把天上的某朵云（也可以是天花板上的纹理）想象成一幅图画"等。

这样，在需要我们保持一个稳定状态的"超性格发挥"的现实世界中，我们就能为保养自己的愉悦情绪更持久地左右开弓，发挥我们的特长，创造出有更多种可能的方式。

最后，随着我们行业的演变，在持续积累、深入洞察、思考等能力越来越被看重的趋势下，"咨询"与"顾问"的真正价值和竞争力浮出水面。内向型的人未来反而更容易成为"常青顾问"和"斜杠顾问"，让我们一起来见证这件事吧！

别忘了，这个世界还有一个词是专门赠予我们这类人的——思想者。

第7篇

猎头服务认知进化论

【邢志明（Frank Xing）】

主编推荐

　　本文作者邢志明，在多年前就已经对猎头行业的发展有了独到的见解。本文的结构如抽丝剥茧般层层深入，充分体现了作者对猎头行业的本质及价值提供的深刻认识。我特别赞同邢志明谈到的"服务即体验"的观点，在如今竞争激烈的猎头行业，我们容易把服务与高效混为一谈。其实高效往往伴随着模式化、标准化的流程，不可控的因素越多，越是给高效带来了风险。真正让客户有良好体验的服务往往不是建立在格式化的套路上的。但是服务不必高效，体验还重要吗？这似乎是一种悖论。当然，文中还有很多有意思的论点，让我们来看看邢志明是怎样看待猎头行业发展过程中的那些痛点的。

在我国，猎头公司的服务水平参差不齐，甚至天差地别。

猎头服务的特定属性决定了这是一种面向人提供的专业服务，其反映的不仅仅是一单生意。优秀的猎头公司一定是将客户利益放在首位，即投资高回报（金钱层面）、灵活效率（时间层面）或解决业务问题（困扰层面），卓越的顾问亦会时时遵守职业道德，勇于以客观中立的态度对客户讲真话。在当前复杂的商业环境下，作为商业服务领域的一个重要分支，招聘执业者与客户之间的关系在很大程度上基于一种信任。职业道德、专业水准和中立地位是维系这份信任的核心要素，这 3 个要素的融合塑造了顾问式服务的专业精神，即对客户的承诺应该百分之百地予以兑现。

咨询公司擅长的是搭建企业管理体系，而顾问公司则提供实施企业管理的媒介：人才。言外之意，猎头服务就是找到合适的人选去解决企业管理面临的复杂问题。这绝非一次简单的、偶然的推荐。

💡 | 探寻根本

全球知名猎头公司的源起都有着近乎一致的特征：创始人烙印、承袭咨询背景、同事（校友）强关系或者从传统业务中分拆出来。

詹姆斯·麦肯锡（James Mckinsey）、沃德·豪威尔（Ward Howell）、博思·艾伦（Booz Allen）、希德·博伊登（Sid Boyden）等现代咨询领域的元老起初都在为客户提供高管搜寻服务。换句话讲，知名猎头公司 Boyden、Hedrick & Struggle、AmropInternational 与知名咨询公司麦肯锡（Mckinsey）和博思艾伦（Booz Allen Hamilton）同出一门；光辉国际（Korn & Ferry）创始人 Lester Korn 和 Richard Ferry 曾就职于顶级会计师事务所 KPMG；史宾沙（Spencer Stuart）是 Booz Allen 汉密尔顿大学的校友，在海德思哲（Heidrick & Struggles）就职不到一年就辞职创建以自己名字命名的公司；Egon Zehnder 曾就职于史宾沙（Spencer Stuart）；Robert Walters 来自 Michael Page；WardHowell 从麦肯锡（Mckinsey）的业务中剥离……

分类依据

"猎头"是一种口语化称谓，泛指由专业机构提供中高级管理者或专业技术人员寻访服务，向雇主而非候选人收费。目前，常见的分类方式是以付费依据分为预先付费服务和结果付费搜寻。

预先付费服务（Retained-based Service）——由猎头公司提供的过程寻访服务，协助雇主对特定职位开展候选人定位、搜寻、筛选、面试、推荐等，服务费用基于过程节点分比例由雇主支付，无论人选是否与雇主发生雇佣关系。服务费用按候选人的年薪百分比（如35%）计算。

结果付费搜索（Contingency-based Search）——由猎头公司承担风险并向雇主推荐高级别管理者或有专业背景的候选人，一般发生在雇主招聘流程中的第一阶段，即搜寻、筛选、面试、推荐等，服务费用基于人选与雇主产生事实雇佣关系时由雇主全额（或部分）支付。服务费计算按候选人薪酬计算：候选人年薪的百分比（15% ～ 35%）。

绝非中介

中介指的是建立弱关系，即在二者之间搭起桥梁。猎头顾问作为中介，可以看到候选人与雇主之间的不同之处，把彼此的想法传达给对方，把这种不同转化为解决问题的能力和可供选择的职业机会。

猎头公司实际上在雇主与顾问之间建立的也是一种弱关系。事实上，我们发现：一旦猎头顾问深入行业，与雇主和稀缺候选人建立自己的强关系，那么将与猎头公司的自身利益形成冲突（参见权力转移）。

中介度指的是形成跨节点或者建立关键连接的指数。中介度的价值在于权力，既可以阻挡他人，也可以给他人提供连接的"桥梁"。其做的连接节点越多，中介的价值就越大，权力也就越大。在大多数情况下，因为猎头顾问掌握着雇主和候选人更为详细的隐性信息，并且其连接雇主与候选人的节点更真实可靠，因此中介度已经成为重要的评价寻访能力的一项指标。

能够提供预先付费服务的前提是，猎头公司的品牌识别和猎头顾问的资深背景彼此叠加，向雇主证明其可托付，尤其是能够与最高级别的稀缺候选人建立排他性关联。这种隐性权力绝非简单复制就可以成功的。

亲近度指的是节点和其他节点关联的难度。距离越远，就越难连接。亲近度的价值在于降低连接的成本：你与其他节点的距离越近，需要跨越的节点就越少，连接起来就越容易。

通过若干次直接接触，猎头顾问很容易建立与雇主和候选人的亲近关系，而且这种亲近关系很难通过类似于培训或移交建立起来。一旦形成，这种亲近关系就可以嵌入更多的服务内容。这也就是所谓的"单子跟人走"的直接原因了。

连接度指的是节点之间的连接数。猎头公司创始人 / 团队负责人都依靠其独特的影响力增加与雇主或顾问的连接数量，以至成为所有中介关系中的关键连接。在猎头公司或团队的初创期，这种关键连接发挥着基础性的作用。

连接度合理地解释了大多数猎头公司创始人来自深入企业解决问题的咨询公司、知名的猎头公司等，因为在这样的背景下，他们容易与客户和候选人建立更加广泛、深入的连接。创业即代表着过去连接度的一次迁移。

权力转移

外企对我国猎头行业的初期发展起着近乎决定性的作用。猎头作为一门生意，在我国市场上开始逐步发展，得益于那些被我们称为外资企业的世界 500 强企业在过去 20 年间全面进入中国市场。这个时期起步的猎头公司和我国的职业经理人，都面临着一个强势的、规范的买方市场，大家都按某种"惯例"默契地工作，即采用行业惯例的猎头收费标准以及更具有吸引力的高薪酬、高福利。今天我们知道的优秀猎头公司，其先发优势在很大程度上得益于其拥有了外企客户（具有高过程质量 / 强付费意愿）。

我国的猎头服务供给远远大于企业的实际付费职位需求。哈佛大学的研究表明：当企业与猎头的比值达到 1000 : 5（200 倍）时，市场中的人才需求及人才效率才能达到经济发展的实际要求。猎聘目前的注册顾问数量为 10 万，按经验预估，每家机构雇用 10 位猎头顾问，每位猎头顾问每年有平均 20 万元的营业收入，则我国猎头服务市场的总额约 200 亿元，猎头服务机构接近 1 万家。进一步测算，如果每个成功职位按平均收费 5 万元计算，则每年大约 40 万的职位被猎头顾问成功交付。按企业与猎头 200 倍（1000 : 5）的合理比例，我国至少需要提供 8000 万个猎头空缺职位或 200 万家因猎头服务而付费的企业，可见在我国的猎头市场，供给严重过剩、劣币驱逐良币、转型升级是大势所趋。

伴随着猎头服务界限的模糊、互联网技术的发展以及企业雇主对招聘成本关注度的提高，对二大部分以搜寻为主的猎头服务，企业雇主和候选人会逐步以更直接、更低成本的方式更高效地选用。

争论不休的复杂度

猎头服务的职位年薪开始呈现低端化趋势。外资企业在我国全面布局，高端、中端和低端人才（10 万元年薪以上）都在广泛使用猎头服务。同时，中资企业逐渐认识到猎头服务的优势，开始增强借此获取人才的意愿，但我国因人才的结构性短缺所产生的实际供需极度不足。在实践中，企业侧重于猎头服务中访寻和准荐的速度，客观上弱化了猎头服务中的咨询部分。许多企业的实际猎头服务费用上升而导致的成本压力，使降低猎头服务费成为一种选择。但这种权力的转移也面临着复杂的问题，如价格降低、可多选服务商和人才供应不足。

大多数猎头公司虽然寄希望于服务中国本土企业，但它们却面临着更加艰难的选择：一方面，选择扎根本土、深入服务，要面对来自国际和非排他性猎头公司的激烈竞争；另一方面，选择跟随中国本土企业"走出去"，要面对在猎头顾问和候选人双重稀缺的条件下与国际猎头公司的直接竞争。我国企业的国际化差距正日益扩大，参与人才国际化采购（流动）是我国企业的唯一选择，例如，联想成为全球最大的 PC 制造商，联想 50% 的高管都是外籍人士。中国的国有企业已经开始使用猎头服务，据说中国香港地区大多数学校的校长都是顶级国际猎头公司在全球范围内招聘的。我国猎头公司参与国际化竞争势必更加艰难，这无论如何都是值得同行重视和迫切需要我国政府给予实质性帮助的。

猎头是一项企业弱关系人才咨询服务。为了让自己与企业客户越走越近、赢得竞争，猎头公司的业务发展必然呈现精细化和多元化的格局，即一业为主，多种经营。在主业方面，要深度地按地域、职能和人群进行细分，成为某个领域的权威顾问，以赢得客户的信任。欧美招聘市场已经验证：猎头公司能否取胜，不仅体现在主营业务的多寡，还要看你为企业提供了多少有附加值的服务，而这些服务往往会成为竞争能否取胜的主要筹码之一。因此要改变集中提供简历及流程性沟通的现状，逐步过渡到不易被技术及低成本方式取代的深度价值。

服务于人

服务即体验

前美联储主席格林斯潘曾说："实体产品店一般会提供买前试用服务，而提供无形服务的企业只能靠自己的名声来赢得客户。"

许多所谓的"服务"其实都是名不副实的。有些猎头公司就像工厂一样运转，有明确的分工、低廉的成本、有限的权限、规定的工作量等。这种组织分工的方式就像把猎头顾问或候选人当成流水线上的产品一样。

服务类企业需要提高效率，但做服务和抓生产却大不相同，服务是一种体验。这种体验与客户的喜好有很大的关系，而客户的喜好又日渐复杂。客户希望服务让自己更方便，而不是让你更方便。倡导服务的猎头公司根本无法围绕自定义的高效标准化流程来搭建服务体系，因为流程结果的质量最终是由流程末尾的人来评判的：要么是由流程外的不可控的雇主方录用决策者来评判，要么是根据人选到岗若干月后的实际工作绩效来评判。

传统的产品追求可批量化、可重复加工并且获得更多的市场份额，服务却需要与特定的情境有关：知识、经验和个性化。雇主会在被提供服务的过程中反复修改自己的诉求和期望，很多要求都是难以通过复制或标准化实现的。我国的企业雇主有一种消费惯性，即按结果付费，却希望得到咨询预付费般的个性化服务。猎头服务必须实时地对客户的需求和喜好做出反应，这其实是对一位 360° 专业顾问的苛刻要求。

招聘互联网化（社交网站与移动互联网）是因为互联网可以更高效，其快速发展正在削弱传统猎头服务中因为候选人和企业之间的信息不对称所带来的价值。时下，互联网仍停留在工具层面，无法代替猎头服务本身。互联网情境下的招聘创新仅限于"小动作"的范畴，猎头服务中的人与人、端与端、供与需之间的协同差距非常大。在大多数情况下，企业雇主在互联网招聘网站上采购的也仅仅是网络服务而已，尚不具备猎头服务的关键要素：专业分析、意愿获取和中立匹配。我们也看到一种现象：大部分企业雇主并未深度地参与招聘搜索，反倒是作为乙方的猎头顾问表现得更积极、更主动，候选人也非常愿意主动接触猎头顾问以获取更多有价值的职业信息。事实上，在获取候选人意愿与点对点个性化服务方面，猎头服务仍然无法被技术替代。

企业用猎头，甚至大量用猎头来招聘，它的真正意义在于获取人才的速度和效率：只要猎头顾问的速度与效率高于竞争对手，就能获利。因此，对猎头顾问而言，持续提高反应速度及工作的有效性是重中之重。

请记住：猎头服务不可替代的境界是打动"人"心。

稀缺性

猎头业务不是卖人选，是在卖稀缺资源。

掌握市场稀缺资源的猎头顾问，也是猎头市场中最需要付出智慧的人群。当你在某个细分领域能深刻地抓住客户的需求，同时客户找不到更低成本的方式来满足自己的需求时，客户才愿意按照你的价格掏钱购买你的服务。

结构必须变

在顾问与客户的博弈中，猎头公司的老板处于越来越不利的位置。

曾任通用电气 CEO 的杰克·韦尔奇说："如果外部的变化比内部的变化快，那么企业的'死期'就不远了。"在很长的一段时间里，我国的猎头公司都在拜顶级猎头公司为师，实际上是在实践着工业时代的模式努力地经营：树立品牌、雇用年轻团队、强调职能分工、按（数）量考核……大多数猎头公司的最高管理者都有着强烈的能力危机与不安全感。越是固化的结构、标准的流程、扩大的规模，越能给他和机构带来更多的安全感，同时也让其忽视最重要的资产：猎头顾问的创业精神与个性化服务。从来没有这种简单的模式，把新招来的猎头顾问安放在流水（电话）线上，一切按部就班地把候选人像"过筛子"一样制作成可"出厂"的成品。

建立信任关系可以提高团队效率。企业雇主对猎头公司的需求开始呈现，从单一顾问及其团队负责所有雇主的专项业务，向多个顾问组合共同服务自己的一个客户转变。这种偏好使猎头顾问对机构的依赖性增强，因为只有各个职能相互依赖，负责某个职能的顾问才能发挥得更好。

猎头公司高层管理者接受的商业教育是以产品为中心的。他们习惯于关注猎头服务的形式，提高市场份额，增加销售收入。而关键的以客户为中心的企业，其获取决策信息的来源主要是在客户的办公室或茶座上。国际顶级猎头早就认识到：猎头服务的采购者看重的不是服务的价格，而是获取人才的安全性。他们抓住了客户的偏好：持续的信任。

口碑是对服务的最高认可

很多观念认为，潜在客户是从广告、论坛或营销中来的。事实上，这是不太现实的，除非你是标准化服务，不区分对象，成品就摆在库存里待售。

影响候选人考虑以及成功入职所涉及的知识、能力体系才是猎头顾问的价值所在。找到候选人在互联网高度发达的今天，可能就是敲几下键盘、打几个熟人电话这么简单。

猎头公司的品牌美誉度大多数是依靠口碑传播实现的。

对于大多数人来说，国际顶级猎头公司一向都很神秘，从来不打广告，也从来不去人才招聘市场。对于大多数高管来说，接到国际顶级猎头公司的电话，既是对自己在本专业领域的认可，也是一次加薪的机会。就像一位资深猎头顾问所说的："知道我们的，不用介绍；不知道我们的，也不需要知道。"

只要你感兴趣，随时询问一位资深猎头顾问，他都会告诉你，当前九成以上的雇主委托都是经曾经服务过的人力资源顾问引荐，或者被成功推荐的候选人"跳槽"后向所在公司的人力资源顾问推荐的；候选人资源也是如此，超过30%的人选推荐也是基于朋友的推荐协助完成的。单子跟着猎头顾问走，这不是空话。

约翰·H·弗莱明博士是盖洛普的负责人之一，他在《人本西格玛》一书中阐述了这样的观点：那些真心热爱你企业的顾客，也就是那些会向朋友和同事宣传你的顾客，会比普通用户多带给你23%的资源（包括收入、利润和新的顾客）；而贬低者，也就是讨厌你的企业并四处宣扬的人，会比普通用户少给你13%的资源。很多时候，这类贬低者甚至还会让你赔钱。

一般来说，被推荐来的企业顾客对价格不太敏感，招聘服务的消费增长也比普通客户更快。与此相反，自行打电话咨询的客户对价格极为敏感，稍有不满意就会抱怨，而且你需要花费更多的成本（如资深的顾问）才能把他们服务好。

宣传者净分数——使用净推荐值（Net Promoter Score，NPS）

获得新客户的最优途径是加深与现有客户的关系。

贝恩咨询公司的弗瑞德·赖克霍德（Fred Reichheld）提出净推荐值这个度

量，计算公式的逻辑是推荐者会继续购买并且将产品推荐给其他人来加速品牌发展，而批评者则会破坏品牌的声誉，并在负面的口碑中阻止品牌发展。我们可以通过一个问题——"你是否愿意向朋友或者同事推荐×××，可能性有多大？"来评估公司在创造积极、可重复的顾客体验方面的效率。

推荐者（得分在 9 ~ 10 分）：具有狂热忠诚度的人，会继续购买并将产品推荐给其他人。

被动者（得分在 7 ~ 8 分）：总体满意但并不狂热，将会考虑其他竞争对手的产品。

贬低者（得分在 0 ~ 6 分）：使用后并不满意或者对此产品的品牌没有忠诚度。

2007 年，苹果公司为其门店设置了净推荐值（Net Promoter Score，NPS）标准，从开始的 58% 涨到了今天的 78%，傲视消费电子产品行业（比第二名东芝高出了 42 个百分点），甚至在整个零售业中也名列前茅。

我们发现，有竞争力的猎头公司会持续加深公司与猎头顾问、猎头顾问和候选人，以及猎头顾问与媒体、投资等利益相关者的联系，并在不同的商业组合与个人偏好中建立"推荐"关系。

管理是倒金字塔的平台服务

流程化或标准化降低对于人的依赖。

与客户保持关系会持续创造利润，与猎头顾问保持关系会持续与客户增强黏性。现在大多数机构没有将员工和客户的管理放在同一个组织体系下，这不是一个小问题。

在承接企业招聘需求和提供人选服务的过程中，创造价值的关键环节就是猎头顾问与目标对象之间的互动，猎头顾问与客户的经历互相关联、互相影响。你无法想象，向客户承诺的业务拓展经理与进行人才寻访的猎头顾问竟然无法提供一致的服务，甚至业务拓展经理可能就是打个照面就"消失"的人。聪明的猎头公司会把雇主和候选人体验直接与猎头顾问作为一个连贯的整体来进行评估和管理，而不是孤立地看待。事实上，孤立地按电话量、推荐量、通过率、收入来考核猎头顾问，是把猎头顾问对雇主和候选人的职业操守放在利益的天平上，无法正确反映客户黏性和中长期绩效，猎头顾问的业绩飘忽不定自然再正常不过了。

更多的猎头顾问希望猎头公司提供其可控制的更多的核心资源，并且希望这种掌控能力变得更聚焦、更强大，尽最大的可能提高单产或团队业绩。实际上，冲突的管理方式会埋下隐患，因为顾问在不同机构间的转换会更容易，机构切换的成本会更低，这意味着不同机构对顾问的争夺将更加激烈。

🔆 | 转型之路

我国的企业使用猎头服务时更倾向于有结果再付费。

过去，猎头公司参考传统的 4P 营销模型展开点对点式的招聘服务，即品牌（Promotion）、职位（Product）、薪酬（Price）、渠道（Place），最大限度地绑定雇主优势，扩大自身的服务能力，但实际边际收益却相当有限，始终徘徊在需求周期波动的低利润区。我国的猎头服务基本是以雇主或职位需求为起始点的"反应式"人才搜索（Reactive Search），猎头招聘实质上是靠效率驱动的，外部压力持续来自渠道（可供多选的供应商、职业社交网站或内部推荐）和候选人（如何快速获取候选人意愿及简历委托）。我国猎头服务追求营业收入的增长，但实际上可能是在牺牲盈利能力。与时间赛跑很难换来某些宝贵的用户体验，甚至会失去必要的灵活性。大多数猎头公司"臣服"于知名企业或世界 500 强企业，这是一种典型的商业路径依赖，转型与否取决于创始人的初衷。

在转型初期，猎头公司会淡化品牌在效果付费模式中的权重，更多地强调：我们提供更精准的招聘服务（Recruitment Service）而非摸不到的招聘咨询（Consult Service）。企业雇主的偏好在不停地变化："快速"看见"稀缺"的候选人，"快速"拼的是渠道速度，看谁能更快；"稀缺"来自候选人能力标签的细分程度，识别某项强能力远胜过若干弱能力的拼凑，"稀缺"还兼顾了在极短的周期内可面试候选人的数量。"快速"和"稀缺"往往是相对的，是一种取舍；候选人的职业偏好是动态的：充满"诚意"的沟通以及极富"吸引力"的可选择机会。诚意自然需要更多的对候选人的投入；吸引力往往与薪酬或职场名誉呈强相关关系。建立信任极有可能是未来招聘成功的充分条件。

在转型中期，猎头公司将更强调可裂变的"团组化"作战，更多地强调雇员的销售思维而非猎头顾问的导向。内部管理更像"支持＋服务"的轻量级平台，深入地与外界互联互通，一种类似于生态进化的组织形式会削弱传统猎头公司一直存在的"老板中心化"思维，这种转型的后期将会是雇员自发地前进，猎头公司的老板成为一种精神的象征。两种价值链比较如图 1 所示。

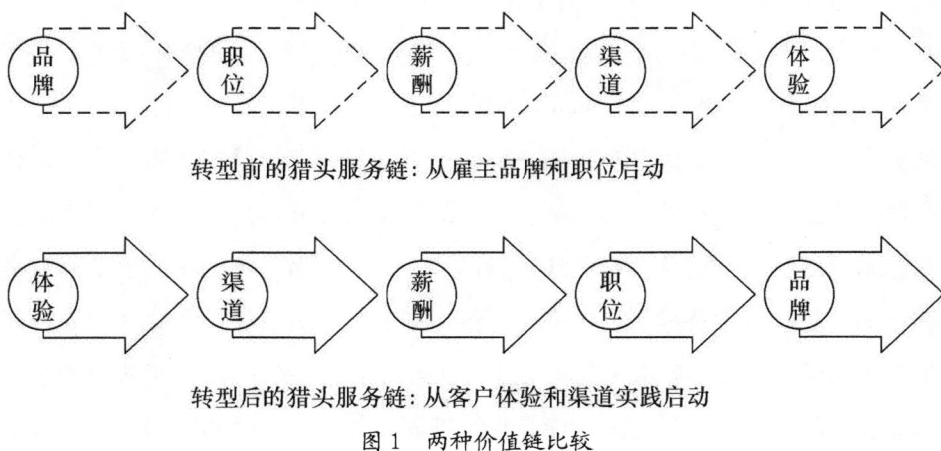

转型前的猎头服务链：从雇主品牌和职位启动

转型后的猎头服务链：从客户体验和渠道实践启动

图 1　两种价值链比较

以利润为中心

许多猎头公司管理者仍然坚信：获得很高的市场份额，利润就会接踵而来。为了招揽生意，他们会不断地扩充服务产品线，稳定核心顾问，强调客户关系……然而，从公开的财报数据看，光辉国际与海德思哲在过去 5 年的净利润基本没有超过 10%，有些年份甚至有亏损。

收入来源于雇主，雇主持续采购会增加销售收入，拓展营销方式围猎企业雇主……这些常规、主观、以产品为中心的传统销售思维很可能会让客户离你越来越远。诚然，大客户模式会带来稳定的收入来源，然而却未必会有持续的利润增长。增长是重要的，但更重要的是如何实现增长。新转型背景下的猎头服务，根本无法参照传统的管理咨询服务方式。我们可以从创造利润开始，回过头来重新思考猎头模式。

利润总是伴随着有优秀经营模式的服务提供商。图 2 所示的 A 公司和 B 公司从不同的客户选择开始，影响了模式和利润的实际走向。与 A 公司相比，B 公司更强调垂直细分市场中年轻团队成员间的协作，借助数据和互联网一体化提高资产的利用率，在每一个利润中心都始终坚持与客户保持亲密接触。

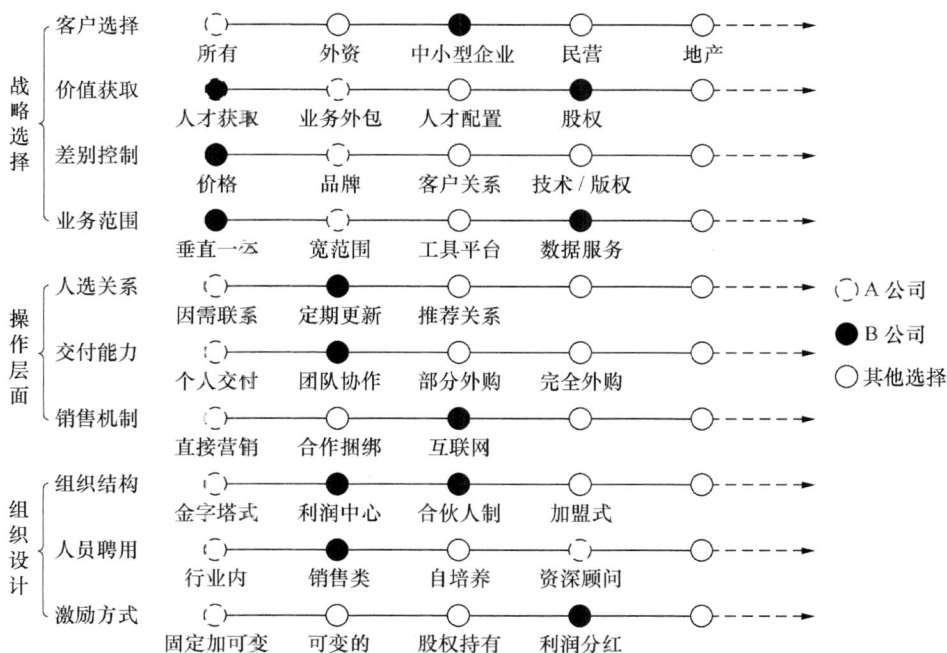

图 2　A 公司和 B 公司的经营模式比较

追求利润增长与保持灵活性在招聘服务中有着必然联系。一致性条件下的灵活性将成为衡量猎头服务的重要因素，这源于复杂多变的环境下雇主与候选人面临的多样化选择。下面的示例是自组织条件下团组作战的方法，不知是否会让你耳目一新。

（1）每个自组织团队都有自己的使命宣言，即阐述如何满足客户的需求、自己寻求技能培训与客户资源、自行决定利益如何分配。

（2）每位猎头顾问会寻求同事的协助并制定备忘录，描述自己的承诺和预期，在问责时他们会有自己的处理方式。猎头顾问也可以直接招人，但需要说服同事接受他的决定。

（3）放弃财务信息封闭的集权控制，每隔两周制定一份详细的绩效报告，包括机构和各个团队的财务和过程数据，接受员工的质询。根据财务绩效决定团队的工资基数，由员工自行决定如何分配。

（4）鼓励员工提出年度新服务计划，由其他同事用虚拟货币投票，而这决定了第二年的财务预算分配。

（5）如果雇主同时在考虑其他团组或机构外的招聘服务，那么猎头顾问可以代表自组织团队让雇主先试用再付款，甚至可以代表自组织团队提供限量金额的附加服务给雇主，直至锁定客单并成交。

（6）由雇主或候选人根据个人偏好选择提供服务的团队或者猎头顾问。这种偏好可以基于猎头顾问曾经成功推荐的职位、候选人，甚至是猎头顾问的工作地点和工作时间。

追求利润势必会加速新团组的裂变式成长。猎头行业发展至今，大体上就是猎头公司不断裂变的历史，靠大公司体制做大做强猎头服务几乎是不可能完成的使命。满足人性的内心诉求、符合实际权力格局的动态变化，这些都是在强调"四位一体"的经营模式，即客、单、人、利。新一代的优秀猎头公司将借鉴其他领域卓有成效的机制（如合伙人机制等）。

敏捷和专注

敏捷的方式专为复杂、不确定且快速变化的环境而设计。敏捷的方式可以让小团队成员迅速响应，适用于小团队稳定地交付真实、可推荐的候选人，尽早地获取客户反馈，并不断地以迭代的形式推荐合适的职位候选人。

专注的深入程度最终可以让专家去衡量。凡是有效率的服务都在尽一切可能减少变数。面对快速多变的无预付费猎头服务，专注会最大限度地减少对客户的承诺，即这个岗位可以最快推荐而其他岗位不行；会定期维护与候选人的关系……猎头顾问的专注既可以按地域、行业、职能和层级细分，也可以按职位或意愿细分。专注的代价可能是失去某家企业雇主更多的容量，也可能是降低猎头顾问自身的创造性。

主动精神的释放会最大化地挖掘人的原动力。真正的主动无须用白纸黑字去约束，只要双方认可。制定猎头顾问的年度关键绩效指标已经完全不适应今天以周为单位的推荐节奏，猎头顾问自己就能算清楚这笔账。由于猎头顾问更清楚候选人想去哪里以及雇主更希望看到哪类候选人，各方只需要对自己可以看到的、可以决定的或者可以购买的内容做决策，其背后的招聘咨询的复杂度反而显得不那么重要了。

猎头顾问连接企业招聘需求和候选人意愿的速度越快、难度越低，其匹配性选择就越多，成功的概率也就越大。猎头公司的工作平台是一个并行处理的实时系统，猎头顾问无法让所有的候选人和雇主都实现成功匹配。但如果猎头公司是一个共享平台，那么它就能提供更多的信息，团组成员就能自我管理和协调。实际上，当某位候选人被一位猎头顾问累计成功推荐达到三次或者实现一次成功到岗，他们的信任关系就已经建立。那么，平台突破如何协助这位猎头顾问创造（获取）更精准的边际推荐机会？我们倡导的团组化作战唯一要避免的是"孤岛化"，而解决的路径之一是坚定地执行共享平台建设。平台设计需要注意两个方面：一方面是尊重猎头顾问作为人的操作体验；另一方面是专注于团组之间而非团组内部的联系。换句话讲，团组之间可以在自定义的规则下使用共同的语言实现沟通；至于猎头顾问个人，只要尽力地支持而非控制他们，他们就会由衷地喜欢。

开启一段新旅程

靠垄断雇主或猎头顾问实现招聘收入自然增长的年代已经过去。

你必须相信，你经历的事情未来总有一天会联系起来，例如，你所经历的猎头服务、你创立这家猎头公司的初衷。你必须有种信念，只要我国的商业环境持续变化、不确定性持续叠加，那么你就必须向前迈进。未来的失败只存在于目标的设定或团组的失败中，真正的失败就是因固守传统猎头服务而衰落。若想改变自己、走进客户心中，就意味着你要全身心地接受和投入这段新的旅程。韦尔奇说过：员工第一，战略第二。郭士纳也说过：说到底，企业也只不过是员工创造价值的能力集合而已。这些名句恰恰是说给以人为核心资产的猎头公司听的。改变不一定要大而全，只要有一个团队就能开始变革。

挑战近在眼前，除了迎难而上，我们别无选择。

第8篇

成功招聘猎头顾问的清单

【陈功（Victor Chen）】

　　陈功的这篇文章中最值得大家回味的是"要有顾问的胜任力模型"。猎头公司招人难，好的猎头顾问甚至到了"一人难求"的地步，多家公司"抢"一个猎头顾问的情况也屡见不鲜。但是有多少公司真正根据自己的行业定位考虑过猎头顾问的胜任力模型呢？在这点上，伯乐也有改进的空间。我相信一旦明确了自己团队的胜任力模型，很多公司就不会一味地挖掘同行了，因为别的公司的优秀猎头顾问未必能在自己公司的平台上同样优秀。

　　我们常说"医者不自医"。帮助各大企业物色优秀人才的猎头公司，在面对自家猎头顾问的招聘问题时难免显得捉襟见肘。希望陈功的这篇文章能给大家一些启示，毕竟"人"才是猎头公司的核心！

前言

号称能为客户公司招募一流人才的猎头公司，经常为寻找自家的猎头顾问焦头烂额。这确实有点尴尬，颇有些"医者不自医，渡人不渡己"的味道。

猎头顾问难招的"千年顽疾"究竟到了什么程度呢？这些话你们是不是有些耳熟：

"没人啊，我们都愁死了，办公室一直坐不满。"

"客户单子很多，就是顾问没到位。"

"我看中的顾问收到 4 份聘书，说不来了。"

"这个顾问在我们这里半年没业绩，被淘汰了，结果一出去马上就得到好几家同行的聘书，你说夸张吗？"

确实，这些年来，在招聘猎头顾问这件事上，用"抢人"形容毫不夸张，这也反映了猎头公司招聘顾问不易的现状。

说到猎头顾问的时候，我们通常指以下两类：

（1）无经验猎头顾问（Potential Recruitment Consultant，PRC）；

（2）有经验猎头顾问（Experienced Recruitment Consultant，ERC）。

其中，无经验猎头顾问特指没有猎头从业经验的顾问。如果一位人力资源顾问工作 3 年，转行做了猎头顾问，依然可以被称为无经验猎头顾问。

先亮观点

我个人认为，无论是寻访员还是猎头顾问，有条件的话更适合以无经验猎头顾问的方式招募。

猎头并非高科技工作，而是关于人的工作。我的体验是：在某种程度上，猎头顾问有没有意愿和能力，比他有没有猎头行业的经验更重要。很多高潜力的跨行业新人，第一年就能达成 50 万～ 100 万元的个人业绩。

行业引进更多跨行业的人才，用自己的体系把他们打造成自家的"御林军"，文化和行为的融合是绝佳的，不是吗？

同时，招募猎头顾问看起来是一件孤立的事，但其实是一个系统工程，与公司的文化、制度、培训、薪资晋升体系都息息相关，这是一个很大的话题。

关于猎头顾问的招聘，今天我就抛砖引玉，把我这些年为不同公司提供服务的一些经验心得整理成清单分享给诸位。

要有猎头顾问的胜任力模型

如果你想要一间理想的房子，是不是在心中先要有一个房子的样子？例如，两室一厅、朝南、市中心、具有升值潜力。

哪些方面是必备的？哪些方面可以不那么考究？否则，可能会陷入纠结和后悔中，毕竟这世上不可能有完美的房子。

这和我们选猎头顾问一样，对我们需要的猎头顾问进行定位，是成功找到猎头顾问的第一步。

不妨从现在的"明星猎头顾问"和"常青猎头顾问"中提炼共性，构建出属于你公司和团队的猎头顾问胜任力模型。当你心中有清晰的画面感时，合适的顾问自然会被你吸引。

利用人才测评协助

人的经验和判断多少有主观性。如果加入测评环节，就可以将主观和客观相结合，帮助你尽早地做出判断，提高找到合适顾问的概率。

7 年前，我从人力资源转行做猎头顾问的时候，整整做了两个小时的测评，从智力测验、销售倾向到性格分析，并且使用的都是专业测评公司的软件。

这个结果不仅使公司录用我的速度更快，而且使公司能根据测评结果给我安排我擅长的职务，入职后对我进行有针对性的支持和辅导。

我目前所知的第一梯队的猎头公司，多数将测评工具作为录用猎头顾问的评估手段。

挖同行须慎重

"捡现成的"大家都喜欢，可是"现成的"真的是最合适的吗？

特别是在挖竞争对手时，很多公司都会感到疑惑：为啥招来的猎头顾问的表现，和面试的时候大相径庭呢？

业内有一个饱含争议的说法："优秀的猎头顾问是很少流通的。"

一方面，优秀的顾问总量有限；另一方面，其所在的公司又把优秀猎头顾问像宝贝一样"供着"，因此其"跳槽"的比例也低。

所以，如果要大批量招聘，你能物色到同行"一流顾问"的概率又是多少呢？

候选人/人力资源顾问是猎头顾问的来源金矿

我发现身边的很多猎头顾问都是跨行转来的。

我遇到过的就有特种兵、旅店老板、会计师、律师、Java 工程师、演员、老师等。

所以说要"不拘一格降人才"，适合你的猎头顾问可能就在你的身边。

尤其是我们天天接触的候选人 / 人力资源顾问，他们也会考虑换工作，有时甚至也想换一个工种。

我听到候选人说得最多的，就是"我觉得我不太适合现在的工作，其实我想做和人打交道多一些的工作，可是我又可以做什么呢"？

那我们不妨鼓励自己的候选人，遇到这样的情况就问问："那你不如考虑一下来我们公司当猎头顾问？"这样问说不定会有意想不到的效果。

而且行业里的候选人如果转做猎头顾问的话，因为他们懂行业、有资源，第一年仅为自己的老同事们物色工作，就可能达到百万元猎头顾问的级别了。

全员推荐

如果一家公司光靠人力资源顾问来找猎头顾问，一来精力有限，二来说服力一般。

让一个人找 10 个人来面试容易，还是让 10 个人每人找 1 个人来面试容易？

我有个大胆的猜测，全员推荐顾问会成为猎头公司的趋势。

优秀的猎头团队会形成共识：招聘自己的同事不仅仅是老板 / 人力资源顾问的事，而是和每个人都有关系的事。

每位猎头顾问身边都有很多资源，如猎头同行、朋友、前同事、候选人和人力资源顾问等，他们会成为很好的有经验猎头顾问和无经验猎头顾问。而且，懂业务并且懂公司的猎头顾问向身边的人介绍的职位，是不是更有说服力和可行性呢？越来越多的公司实行了全民内推计划，并实行得有声有色。

这些公司的共性是：

（1）公司对人才的重视度高（基于行为而非口号）；

（2）文化价值观高度统一；

（3）落地的内推激励和奖励制度。

💡 | 采用双选会模式

现在的趋势是越来越多的猎头公司会采用双选会（群面）的方式，而不是仅仅依靠单一的方式来招聘猎头顾问（双选会更适合无经验猎头顾问的招聘）。

双选会方式是通过邀约 10 ～ 30 人的非猎头行业候选人，大家在同一时间通过评价中心（Assessment Center，AC）进行双向选择。

经过几十家猎头公司的实测，该模式具有招聘速度快、甄别效率高、入职概率大的优点。

💡 | 人力资源顾问/候选人是最棒的推荐人

如果你有兴趣和信心来物色顶尖的有经验的猎头顾问，那么去问问有合作关系的人力资源顾问或者关系好的候选人将是不错的选择。

"除了我们之外，你觉得哪家公司做单最专业 / 服务最优 / 业务最精？"

"哪位猎头顾问最卖力 / 最靠谱 / 和你合作的时间最长？"

"在你这里，谁的推荐速度最快？"

通常，人力资源顾问 / 候选人能回应的都是比较优秀或者有特色的猎头顾问，关系好的还会点评两句。这样按图索骥地去寻找会更加精准。

老板亲自出马

我和很多优秀猎头顾问聊天时，他们都说经常有同行联系他们。

"不过一般的人力资源顾问打电话，我在大多数时候直接说不考虑。如果是老板打来的电话，我肯定会见个面，聊一聊。"

雷军说，他会在创业初期花 50% 的时间亲自找人，甚至三顾茅庐。

猎头公司的老板、领导，如果真的想找到优秀的猎头顾问，怎么会放弃亲自出马和优秀猎头顾问沟通的机会呢？

而且建议老板要在一开始就亲自出面。这样才能给优秀猎头顾问留下好印象，从而创造未来合作的机会。

建议做360°背景调查

无论你找的是无经验的猎头顾问还是有经验的猎头顾问，在候选人自己描述的业绩、离职、"跳槽"原因的基础上，我建议你都要对其做背景调查。

背景调查人可以是候选人的原老板、原同事，甚至是他过去的候选人、客户。当然要按实际情况酌情选择。可以联系上的人都值得打电话问一问，感受一下对方的评价：一来帮助你了解他的真实能力，定位他的职级和职能；二来了解他的短板，以便有的放矢地支持他更好地发展，让他在同样的地方不要跌倒两次。

结语

猎头公司有"3C"：顾问（Consultant）、候选人（Candidate）和客户（Client）。而顾问是连接这一切的纽带。

猎头行业要兴旺，猎头公司要发达，一方面取决于现有猎头顾问的发展，另一方面取决于我们能"虹吸"多少行业外的精英加入。

结合现在的经济发展，大量的社会新人开始关注猎头行业，很多职业经理人正处于事业的"十字路口"。能否吸引这两类人加入猎头行业，将成为未来 5 年猎头行业兴衰的关键。

说到底，打铁还须自身硬。你会招募到什么样的猎头顾问，无论是有经验猎头顾问还是无经验猎头顾问，都取决于你自身猎头团队的打造，这是大前提。

最后，祝愿各位猎头朋友们都能找到更多志同道合的伙伴。一个人走得快，一群人走得远，期待越来越多的人一起来创造更精彩的猎头界的明天！

第9篇

为什么她总有贵人相助

【宁晋（Jin Ning）】

> **主编推荐**
>
> "猎头顾问的产值与其社交活跃度的关系"是近两年来我们开始关注的话题。通过长期对不同猎头顾问的社交活跃度的跟踪，我们发现，那些已经具备一定自身价值的猎头顾问的社交活跃度往往会显得更有意义。也就是说，社交活跃度对猎头顾问来说是"锦上添花"，而非"雪中送炭"。
>
> 宁晋作为 RECC 的联合发起人，在社交活跃度方面是非常有发言权的。她在这篇文章中提到，"贵人圈"的打造关键在于个人品牌价值的塑造。换言之，贵人就是一种"价值交换"，建立在给彼此创造价值的基础上。在这篇文章中，宁晋将从 5 个方面告诉大家如何拓展自己的"贵人圈"。

"一个篱笆三个桩，一个好汉三个帮。"优秀的猎头顾问往往都有自己的社交圈，有一大批贵人相助。

2016 年针对百位优秀猎头顾问的调研发现，优秀的猎头顾问最重要的行为特征就是人际交往能力。这些猎头顾问获得优质人才和客户的来源并不是很多猎头顾问使用的互联网招聘网站，而是其自身强大的社交网络转介绍，也就是所谓的贵人相助。

我自身在从事猎头业务期间成功交付的所有职位都是通过候选人推荐的，而在我 2010 年创办新程国际以来，一路上更是得到了大批贵人的帮助。

当然，有人会说 "千里马常有，而贵人不常有"，不是每个人都有那么好的运气!

💡 | 有"贵人运"的猎头顾问的特质

检验一下你是不是具有"贵人运"的猎头顾问：

（1）有事业心、企图心；

（2）爱折腾，能吃苦；

（3）善于打造和维护社交圈；

（4）真诚，懂得感恩；

（5）深思熟虑，有规划。

其实，贵人之所以帮助一个人，一般是因为你身上的某些特质得到了他的认可。

几家世界知名的盛产优秀猎头顾问的猎头公司流传：500 个深度社交连接成就 200 万元业绩的优秀猎头顾问。作为猎头顾问的我们，每天都可以接触到 N 个陌生候选人，做过 3 个月的猎头顾问认识的人就不止 500 人了，为什么很多做了几年的猎头顾问连百万业绩都没能突破呢？秘诀是有"贵人运"的猎头顾问深谙筛选贵人的标准。

500 个贵人的筛选标准如下所述：

（1）在行业内取得突出成就，是稀缺人才；

（2）你和他们相互认识，对方有你的联系方式，并清楚地记得你；

（3）你们是彼此认可、相互尊重、相互欣赏，并且愿意彼此分享的人；

（4）你们的交流频率为 1～2 个月打一次电话，每 3 个月见一次面；

（5）他们在该领域适合大多数公司的大多数岗位，是稀缺人才。

你和这 500 个贵人的深度连接是动态的，这 500 个贵人会不断地被替换更新。

你在盘点了自己的"贵人圈"后，却发现优秀候选人和客户的社交资源比自己丰富，年龄差距也很大，请人吃饭请不来怎么办？请来了不知道聊啥怎么办？

如何与贵人相处，拓展自己的"贵人圈"

全球著名的人际关系研究学者哈维·麦凯创造了一种对维护客户关系和人际关系通用的神奇表格《麦凯 66》，来记录对自己相对重要的对象的各种信息，其目的是在有限的沟通时间里做足有效沟通，避免在与贵人的相处中因为紧张和了解不足而犯下错误。

专业形象打造

1. 电话形象

猎头的大部分工作是通过电话与人沟通的，很多候选人或者客户也是通过电话沟通的几分钟来判断我们是否专业、值得深入沟通的，所以猎头顾问要经常回听自己的电话，来不断提升自己的电话沟通魅力，赢得对方的信任。

2. 职业着装

我曾经走访过中外超过几百家的猎头公司，业绩平平的猎头顾问的着装通常以宽松休闲为主。反之，优秀猎头顾问的穿着会更加正式、职业，因为他们每天都会和客户、候选人面谈，而职业着装是留下良好的第一印象的重要途径。

3. 社交工具专业展示

微信背书。作为人际交流使用最多的工具，微信已经成为了解一个人的最便捷的途径之一。

（1）微信头像。一名有职业自信的猎头顾问会将自己的职业照作为微信头像。

（2）微信昵称清楚地显示自己是谁。有些猎头顾问喜欢根据心情频繁换昵称，或者将一些特殊符号夹杂在微信名中，这样会让别人想找你时很难找到。

（3）微信朋友圈。发布有正能量的信息和对他人有参考价值的内容，以及可以让人了解到你阳光正面形象的信息。

（4）表情包。在工作沟通中少用表情或者用简洁的表情，显示庄重成熟，防止过多地使用表情包，否则对方无法识别关键信息，也感觉不到你的专业性。

邮件专业。使用带有公司后缀的邮箱地址，标题要清晰地体现邮件的主旨内容，结尾签名要清晰地显示个人的联系方式及公司信息，方便对方回复和联系。

打造品牌，赢得尊重

我在 2010 年创立斯程国际之初，就选定了专注于"猎头公司和顾问的专业培训咨询"，并且我们对外传递的每个活动信息和发布的动态都与这个定位有关。我们通过坚持不懈的努力，不断加深大家对我们品牌的认可，很快在猎头领域形成了自己的专业品牌，得到了许多贵人的帮助，甚至一些世界级的大客户也主动来找我们合作。

未来是个猎头顾问超级细分化和品牌化的时代，有自己的专业领域和良好个人知名度品牌的猎头顾问将更容易得到客户和候选人的信任和青睐。

建立自己的核心竞争力，创造价值

猎头顾问要想吸引到更多优秀的人，就要打造自己在某个领域的核心竞争力，甚至成为佼佼者，给朋友们创造价值。

（1）找到自己专注的领域，更容易在短时间内打造自己的核心竞争力。

（2）找到行业内的标杆人物，向他学习请教。

（3）不断学习。猎头顾问是个"杂家"，要找到适合自己的学习途径和方法。

第一，养成读书的习惯。你读的任何一本书都可能成为未来与人交往时的谈资，甚至让你更理解高端人选的所思所想。

第二，参与猎头同行的学习。与同行交流可以吸收前人的经验，避免走弯路，也可以在你缺少方向和激情时给你带来启发和动力。

第三，参加客户行业内的会议，抓住各种深入行业的学习机会。优秀的猎头顾问往往出现在客户和候选人的专业圈子里，包括他所服务的行业性会议、沙龙等。

第四，谦虚开放"发问"。三人行必有我师，优秀的猎头顾问往往是问问题最多的，因为他们是爱思考的"好奇宝宝"。问得越多，吸收就会越多，而每天接触的人都将成为你的老师。

先有关系后做生意

很多课程中都提到，转介绍候选人是最有效、成功率最高的一种猎头寻访人才的方式。因此，很多猎头顾问在跟候选人打电话时都学会了向候选人要转介绍，因此很多客户和候选人感觉大多数猎头顾问都很急功近利。

（1）对方为什么会帮你推荐呢？

（2）候选人与客户都很忙，为什么要因为帮你推荐而让自己更忙？

（3）如果对方不找工作，我们还能给予对方什么？

（4）如何成为一个比你还优秀的候选人与客户的朋友？

在陌生关系中，只有先了解对方的需求，满足对方的需求，与对方建立关系，对方才更愿意为你考虑。猎头顾问，尤其是新人猎头顾问，如何与优秀的人建立关系呢？

从陌生到熟悉，获取信任是建立关系的重要前提之一。建立关系的四要素如图 1 所示。

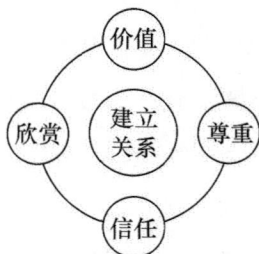

图 1　建立关系的四要素

获取信任的 12 个维度

获取信任的 12 个维度如下所述:

(1) 说到做到;

(2) 永远不要说谎;

(3) 主动提供有价值的信息;

(4) 不要忽略重要信息;

(5) 不要隐藏一些负面信息;

(6) 该保密的信息一定要保密;

(7) 说出你的真实感受;

(8) 直接讨论你的担心;

(9) 不要被情绪影响,要跟着流程走;

(10) 言行一致;

(11) 把客户和候选人的利益放在首位;

(12) 提升自己的能力。

综上所述,得到贵人的帮助,拥有自己的社交资源并不是一件难事,但也远非想象中那样简单。要成为有贵人相助的优秀猎头顾问,吸引贵人,自身要有突出的特质、真诚的心态、谦逊的态度、独立的思考,在关系中贡献价值。韩愈说过"千里马常有,而伯乐不常有",这句话不仅说明了伯乐的稀缺性,更激励我们:要想成为"千里马",就得先跑起来,这样才会有人关注。让自己变得强大才是赢得高质量的人际关系和贵人相助的王道!

第10篇

是时候加入本土企业了吗

【Pete Chia】

主编推荐

　　"是时候加入本土企业了吗"这个话题很有意思，记得我之前也就这个话题与在香港大学念 MBA 的学生做了分享。无论是即将跨入职场的莘莘学子，还是已在职场多年的资深候选人，如今都会面临同样的选择。马云在底特律的"中小企业发展论坛"上呼吁"请重新发现中国"，他的演讲让台下 3000 多位中小企业经营者惊喜地发现高速发展的中国所带来的无限可能。

　　作为伯乐的姐妹公司 BRecurit 的负责人，Pete 的特殊背景使其在这个话题上更有发言权。正如他在这篇文章中所说的，作为一个外国人，他深切地感受到，只有拥有在中国跨国企业工作经验的人才能最大化地诠释"国际化人才"这个定义，并且最大化地实现"国际化人才"的真正价值。

　　是时候加入本土企业了吗？让我们看看 Pete 是怎样诠释这个话题的。

一转眼，我来中国工作和生活已经十年了，我很幸运地亲历了中国突飞猛进的商业化进程。10 年前，我以一个欧美跨国集团员工的身份来到上海，开启了我在中国的职业旅程，当时的我从未想过是否要去接受一个中国本土企业给我的工作机会。但现在，我一定会认真考虑来自中国企业的不错的机会。这样的转变并非我一人独有，我们看到越来越多的人才开始接受和加入中国本土企业，在新的平台上实现新的事业腾飞。是什么原因促使这种改变的发生？这背后又隐藏着什么样的职业发展心态呢？

我认为一个非常明显的趋势是，越来越多的人才开始意识到，只有拥有在中国跨国企业工作经验的人才能最大化地诠释"国际化人才"这个定义，并且最大化地实现"国际化人才"的真正价值。

🔆 | 为什么这样说

之所以这样说，有两大原因。

第一个原因是中国经济和本土企业的崛起。

如果说 10 年前是发达国家的跨国企业主导的全球化 1.0 模式，那么现在应该是中国影响下的全球化 2.0 模式：以前是外资企业"走进来"，改变和影响中国企业；现在是越来越多的中国企业"走出去"，由"被改变、被影响"转变为"改变他国企业"的进击态势。

12 年前，大家都在谈中国改革开放 30 年的成果，谈全球化和互联网对中国发展的冲击。中国本土企业、跨国外资企业、国企这三大力量在疾速发展的中国市场相互博弈。在人才争夺战中，大部分中国本土企业的优势其实并不突出。

12 年后的今天，我们看到很多中国本土企业由小变大，发展为足迹遍及世界的大型跨国企业，成为势不可挡的中国力量。尤其是在近年来兴起的"互联网""互联网 +"等创新行业以及大型的多元企业中，中国本土企业的活力和优势不断地被看见、被关注，甚至被激烈地追逐，行业里的人才的灵活性、开放性也是有目共睹的。这与它们不断地开拓业务、优化产品、升级人员的招聘要求有着密不可分的关系——从招募有共同价值观的群体，到需要具备名企核心部门工作经验的业内人士，再到具有国际化视野的精英团体，企业体系化、可持续发展的强劲驱动力不断地被赋予。

还有无数的中小型和初创型民营企业，它们的创始人多为"70后""80后"，由于其成长环境的特殊性，他们与"50后""60后"创始人的经营理念非常不同。他们平视世界，鲜有家长式的管理思维，虽然年轻，在专业化、职业化的管理方面还有很大的学习和实践空间，但他们富有激情、想象力和无限的创造力，这些特征也正是吸引人才加入的亮点。

第二个原因是中国本土企业具有明显的决策力。

中国本土企业的总部扎根于中国，相当于"大脑"位于中国，外企在中国多为分公司或者办公室，它们是外企的"手臂"甚至是"手指"。现如今，许多创新型本土企业和大型多元化集团企业已经拥有了世界领先的技术和业务实力，这意味着它们会将位于中国的总部变成全球的总部。想要成为"脑"还是"手"呢？精明的优秀人才早已有了选择。

若有人问我，中国本土企业的用人要求相比 10 年前有什么变化？我的答案是，中国本土企业的用人标准一直在提高，但唯一不变的是其"求贤若渴"的心态。近些年来，很多中国本土企业在人才招聘方面越发具有广阔的国际视野和灵活的标准。这背后隐藏的信息是，这些中国本土企业心态开放、积极进取，在优秀人才身上投入财力和给予支持时十分果断。一方面，它们吸收先进的管理体系与国际标准，从而赋予人才极大的决策空间和事业潜能；另一方面，它们在领导风格上带有中国的人情味，使在中国成长的优秀人才能最大限度地发挥自己主人公的优势和主动性，为雇主积极争取更多的利益。越来越多的中高级人才因为这样的雇主而"走出国门"，成为中国企业中的国际化人才，也有大量的外国人因为中国企业而获得在中国甚至是世界各地的发展机会。

在这里要提到的一点是中国本土企业的薪酬福利体系、股权激励政策等。

在增长如此迅速的经济体中，丰厚的报酬无疑是候选人提升生活质量、更加忠于这份工作的重要条件。

谁会面临这样的问题

有意思的是，选择中国本土企业工作机会的人群往往具有三大标签：外资企业多年服务背景；在某个行业或领域有较深的资源或较广的人际圈；难以替代，往往是中国本土企业雇主需要借助猎头服务才能招揽到的中高端人才。

普遍来讲，外企人才长期处在一个相对完整、成熟的组织架构中，如细致的分工、明晰的岗位职责范围、透明的培养和晋升机制、规范的薪酬福利制度等。他们拥有适应了多年的工作平台和环境所带来的安全感，对于当下的工作节奏以及个人能力都有了足够的把握和自信。当他们面临中国本土企业的工作机会时，无异于要从新的角度去审视一个陌生的对象，企业文化、工作压力、工作节奏、发展方向与速度等都有可能是"不太一样"甚至是"太不一样"的。这让他们陷入了"选择 A 还是 B"的两难境况：这将是一段充满复杂因素，需要不断权衡、理性分析的心路历程。

选不选中国本土企业

是否选择中国本土企业，取决于你怎么判断这个本土企业的价值。

站在企业雇主和候选人中间的猎头顾问，对于帮助候选人分析本土企业的职位情况会发挥较大的作用。BRecruit 的顾问在推进招聘进程的关键环节前，会对候选人的条件和资质与雇主的用人要求做一个系统的匹配度评估，以岗位条件为纵轴，以候选人个人的职业特点为横轴，进行权重分析甚至是 SWOT 分析，这其中有些必须考虑的关键点，如下所述：

（1）行业及目标公司匹配（盈利能力、成熟程度、发展前景与潜力等）；

（2）胜任力匹配（工作范畴、硬性要求、软性实力等）；

（3）文化（领导风格、企业风气等）；

（4）待遇（薪酬福利、激励政策等）；

（5）候选人的动机与期望；

（6）未来的职业发展路径。

最终得出的指标图上拥有最多坐标点的象限区域则代表了评估结果——这个候选人是否与岗位匹配度最高、最适合雇主？一位优秀的猎头顾问一定会以促进企业和个人实现双方事业共赢为目标，而非仅仅赚取佣金。

每年年初，BRecruit 都会发布自己原创的薪酬观察报告，在针对大量中高端人才"跳槽"原因的调研数据中，排名前三的无非以下几点：职业发展（包括雇主平台、工作范畴等）、薪资福利、企业文化及管理风格。

在个人职业发展的不同阶段，候选人的不同诉求会直接导致这三大因素的权重发生变化。例如，金融危机时期人人自危，如何养活自己、养活家庭成员是首要的考虑因素，换工作的时候大多数人自然会把薪资排在第一位；但随着危机远去，经济开始复苏，此时怎样获得更进一步的提升和个人长远的职业生涯发展，怎样在更有前景的平台或岗位上提升职业竞争力，成为大部分人最先忖度的目标；当职业发展的诉求和薪资待遇的标准接近或甚至已经达到预期，未来雇主的企业文化、领导的管理风格是否和自身的价值观、发展观相匹配又可能成为候选人评估的第一大要素。对于大多数资深候选人来说，工作的范畴和职责、企业提供的发展平台、个人的职业上升通道都会将薪酬作为一个可量化的参考值来评估自身的职业价值并规避风险。

在这三大因素所占比例的此消彼长中，演绎出的是两种具有代表性的职业发展趋势：

（1）顺势而上——薪资增长，平台扩大，个人施展的空间平稳升级；

（2）允许暂时有小范围的降势，从而获取更大的反弹空间——候选人或因看重新雇主及行业的发展前景而选择降低或维持现有的薪酬水平或职位级别，而在入职一段时间后获得快速的上升。

　　而人才在组织中的个人角色位置也无外乎两种：一种是处于金字塔式的团队架构中，上、中、下每一层的技能匹配都有对应的细分岗位，汇报对象垂直化；另一种是置身于相对扁平的组织中，资深的管理人员可以直接管理多个岗位，各部门、单元之间的关系相对平行，架构看似粗放但不一定松散。

　　不难发现，职业发展走势或个人角色位置并不能代表某种企业的特性，但企业文化和管理风格却具有鲜明的企业特质——它会决定候选人在面临一种全新"生态圈"的时候是否能够适应新的节奏，处理好与之前的企业截然不同的人际关系，从而获得身心愉悦的工作体验。而正是这些，在更大的程度上决定了一个人是不是能在一家公司待得长久，实现平台飞跃与个人价值的共赢。

　　在 BRecruit 众多的招聘案例中，许多优秀的候选人都面临或经历着适应不同企业文化的现实：从外资到本土、从本土到外资、从行业"巨头"到创业公司、从中小型公司到大型集团，等等。那些照样可以乐得其所、实现个人能力飞跃的人并不少见，深层原因是他们具备任何企业所需的核心素质——杰出的工作技能、过硬的管理经验等硬实力，以及快速适应能力、始终葆有的开放的拼搏心态、持续学习等软实力。

　　要明确的一点是，我们上面所说的种种并不是外企的弱势——一个成熟的体制背后必定有一个运作成熟模式的团队，而每个稳定的团队背后一定有一个个专注于自己工作岗位的专业人员。这从某种角度看是外企的优势，但同时也是一些外企人才之所以想要关注本土企业工作机会的关键所在——正所谓"鱼和熊掌不可兼得"。

　　千万不要以为本土企业的工作会轻松，如果一家企业愿意给你高出市场平均水平的薪资，或者能给出层级更高、发展空间更大的职位，一定不要认为这一切都是理所当然的，它意味着你需要付出更多，面临更大的压力和挑战。

☀ | 写在最后

　　以前的很多话题讨论的是"如何进入外企"，人们提到外企、民企时，会习惯性地往它们身上贴标签。如今我国新型经济给各个行业带来了许多机会，更多的人是在分析人才如何"择良木而栖"。

中国的本土企业根植于中国，更了解本土的需求、心态和文化。随着企业的业务规模逐渐扩大、管理模式不断走向规范化、发展的脚步越来越铿锵有力，在可预见的未来，候选人在选择企业类型时，设定的关键词将不仅仅是"外资"或"本土"。因为这两种定义的界限会随着企业发展过程中涌现的各种交织关系而变得越来越模糊，尤其是在世界领先型的中国本土企业逐渐壮大、趋势型企业不断实现增长和走向成熟的形势下，要解答"是时候加入本土企业了吗"这个问题，关键在于要用什么样的心态来面对当下的个人选择，以及在你的判断下，这家企业是不是一株适合你的"良木"。

第 11 篇

高产值猎头顾问看起来是什么样的

【庄华（Pierre Zhuang）】

主编推荐

　　在猎头行业，产值在很大程度上代表着一个猎头顾问的专业水平和业绩。一个能够持续创造"百万元产值"的猎头顾问一般都是极具慧眼的伯乐，能高效地帮助企业完成人岗匹配，拥有丰富的成功案例和极高的专业资质。

　　作为从业 20 年的资深猎头，Pierre 的这篇文章从产值区间入手，将猎头顾问归为 3 类，以专业的视角清晰地阐述了高产值顾问应该具备的素质和评判维度。无论是对于专业从业者还是企业或职场人，都具有很高的参考价值。

——猎聘创始人兼CEO　戴科彬

在 2019 年的《大猎论道》专栏中，我的第一篇文章谈的是，主导猎头行业发展的根本指标是单个顾问的产值，获得了很多同行和客户的赞同和支持。艾瑞咨询的报告表明，2016 年我国猎头行业的人均产值为 30 万元。在那篇文章中，我的观点是人均合理产值应达到 50 万元或以上。那么，什么样的猎头顾问看起来会有高产值呢？

高产值反映的是一个猎头顾问的高超成单能力，其中包含技能、知识和一点运气。相关的文章非常多，在此就不赘述了。我来谈谈，在我的眼里，高产值顾问看起来是什么样的。

按照产值所处的区间划分，大致可以把猎头顾问分为 3 类：50 万～ 99 万元的猎头顾问，100 万～ 149 万元的猎头顾问，150 万元以上的猎头顾问。

💡 | 第一类，50万～99万元的猎头顾问：做的比想的多

Facebook 的创始人扎克伯格是真正意义上的高效率人士，他仅花了 6 个小时就完成了一个应用软件的设计、开发、上线，这可能是一个小型创业团队两天的工作量。他的做事速度和执行力简直惊人，而做事的速度代表着抢占先机的能力。

同样，什么样的猎头顾问的产值能达到 50 万～ 100 万元？

答案是"做的比想的多"的猎头顾问。在这个阶段的猎头顾问处于"投入期"，所谓"投入期"，通俗来讲就是付出阶段，可能还没有回报，不要老想着"天道酬勤"。同时，猎头顾问的性情也不太稳定，项目管控能力欠缺，最明显的是判断力有待提高。在这样的情况下，"犯错率"与"想得多"有时候成正比。如果运气好，团队里有资深导师言传身教，有学习和培训的机会，可能会降低犯错率。这个时候，"想得少，做得多"的猎头顾问的优势将逐渐显现。

我们做个简单的估算，产值在 50 万～ 99 万元，需要每个月完成 2 ～ 3 单，根据转换率，每个月需要有 10 ～ 15 单项目，其中最急迫的项目可能为 7 ～ 8 个，所以你的月度候选人推荐数为 30 ～ 50 个。换句话说，为了这个推荐数，你每天要筛选至少 10 ～ 20 个候选人。总而言之，你只有每天都在忙碌和拼搏，才

能使年产值达到 50 万～ 99 万元。那些在"投入期"有高产值的猎头顾问相对来说"做的比想的多"。

20 多年来，我见过太多陷入"想得多"的怪圈的猎头顾问，他们整天揣摩客户的想法、找人的方向，想象着哪些公司里的人不会动，担心薪资太低找不到人。他们全凭想象，就是不愿意付诸行动，不愿意多找人聊一聊。前辈们的话一句都听不进去，很多的机会就这样被想象"扼杀"了。"更聪明地工作"之前的那个阶段是"更努力地工作"。

💡 ｜第二类，100万～149万元的猎头顾问：非常"爱钱"

"爱钱"并非贬义词，因为"钱"不仅仅是钱，其代表的是这个人的市场价值以及对其价值的承认，在收入与候选人薪资高度相关的猎头行业更是如此。"爱钱"更深层次的意义是对自我价值的追求以及对阶级标签的渴望，这种渴望不仅来源于自我肯定，还来源于客户的认可、候选人的认可、猎头行业的认可。

那么，为什么"爱钱"的猎头顾问的产值能达到 100 万～ 149 万元？

在此阶段的猎头顾问处于"成长期"。对于他们来说，高速上升的阶段执行力已经不是问题，对于"利益最大化"的渴望才是最大的驱动力。

举个简单的例子，在面试候选人的时候，猎头顾问经常会问到客户期望的薪资是多少。有些人说"薪资不是我最关注的""薪资只要跟我现在的差不多就好"，对于这些回答，猎头顾问有时候不给高分。有一些候选人会明确表示"我需要 30% 的涨幅"，那些敢于要求薪资大涨幅的候选人恰恰是敢于接受挑战的，或者相信自己的能力是匹配得了这样的薪资涨幅的。同样的，我们在评估优秀猎头顾问的时候，更欣赏的是那些勇于接受高指标、追求高激励的人，只有那些有信心能持续不断地贡献价值的人，才会心安理得地获得与能力相匹配的奖励。

对于 100 万～ 149 万元这个产值，猎头顾问的成单数量相较于前一个阶段其实不会大幅增加（人的时间精力是有限的），这就意味着单笔项目的金额增加了，接触的候选人群体也发生了变化。"爱钱"驱动猎头顾问更加努力地与这些候选人跻身于同一个重量级。只有跟候选人有了对等的"江湖地位"，他们才会换来和候选人的平等交流。这时，你应该不会怀疑非常"爱钱"的猎头顾问所产生的产值了吧？

☀ | 第三类，150万元以上的猎头顾问：全情投入

哪种猎头顾问的产值能达到 150 万元以上？答案是把时间看得非常宝贵、不说废话的猎头顾问。这样的猎头顾问处于"成熟期"，有稳定的产出，有综合的专业素养，他们把所有的体力和脑力都放在可以高效产出业绩的地方。

这类猎头顾问表现出的工作状态就是直接。

直接地表达自己要什么

无论是跟同事的沟通还是跟老板的沟通，他们都非常直接，会跟同事清楚地下达指令，定好每一个交付时间，明确分工，责任到人，有时会让人觉得他们"不近人情"。

向领导或老板明确表明需要什么样的资源、什么样的支持，属于自己的一定会争取，有时会让人觉得他们是"精致的利己主义者"。

直接跟客户沟通

直接告诉客户什么能做，什么不能做，什么样的候选人适合客户。有时会让客户觉得不舒服，却大幅降低了因非直接沟通所带来的风险。

直接跟候选人沟通

明确地帮候选人分析他的优缺点，告诉他做选择时面临的风险。因为这类猎头顾问太明白把候选人硬推上一个不恰当的位置会带来成倍的麻烦。这样的猎头顾问有时会让候选人感觉他们"锱铢必较"，却能换来候选人的长久信任。

　　"不说废话"看似不够热情，实则是高效率的做法。把客户和候选人的利益最大化反而是一种专业的体现。那些还把时间浪费在"废话"上的猎头顾问是没有时间去获得高产值的。

　　我们发现，全世界优秀的猎头顾问偶尔有机会聊天的时候，肯定会提到一个话题，就是"去年你的绩效排名是多少"。产值是猎头顾问的"军功章"，代表着他们的市场价值和定位。一路走来，能持续保持产值稳步上升的猎头顾问都有相似的特质，值得大家细细品味。

第12篇

想做高产值猎头顾问？先过保证期八问关

【蒋倩（Jenny Jiang）】

主编推荐

　　"猎头顾问对保证期的管理"其实是比较容易被猎头顾问忽略的环节。在整个价值链中，很多猎头顾问往往会把候选人成功入职客户公司作为价值链的节点。如果把"保证期"仅仅理解为"售后"，那么我相信绝大多数猎头顾问不愿把精力花在"难创利润"的环节。在我看来，保证期的管理恰恰是延长了价值链并且帮助猎头顾问及企业获取新的利润。就像本文作者Jenny所说的："保证期本质上不是客户要求我们保证候选人不出问题，而是客户希望我们保证会继续为他们服务。"我认为，"保证期"更多的是赢得了客户和候选人的持续信任。所以我相信，无论是对猎头顾问的个人品牌还是公司品牌而言，"保证期"都是一次口碑营销继而转化为利润的绝佳机会。让我们一同关注《想做高产值猎头顾问？先过保证期八问关》。

保证期不保证侯选人能安全度过，所以才需要猎头顾问保证。候选人不能度过保证期的后果，猎头顾问都知道。但是有多少猎头顾问真的重视保证期管理呢？具体数量我不知道，但是我知道高产猎头顾问一定会重视。他们不仅能做到在战略上以诚相待、以心换心，还能在战术上以各种形式保持互动沟通，更能清楚地回答以下 8 个问题。

💡 | 保证期保证的是什么

对于"保证期保证的是什么"这个问题，一些猎头顾问的看法如下所述。

（1）保证期出问题的毕竟是少数。

（2）我很忙，我没空，我没工夫管理保证期。

（3）真要出问题的话也无法避免，大不了出了问题我再找方案解决就是了。

……

保证期值不值得重视取决于你怎样理解保证期内的保证内容。

从表面上看，保证期是客户为了保障自身利益而设置的条款。有点像商品的售后服务保修期。商品在保修期内出问题，厂家需要免费维修替换。候选人在保证期内出问题，猎头也需要负责售后。

但细想，我们在保证期内与候选人、人力资源顾问和部门都有联系，因为他们都是我们的客户。换句话说，我们对客户进行保证，其实是在输出我们自己的品牌，在保证期内进一步赢得他们的信任和尊重。保证期本质上不是客户要求我们保证候选人不出问题，而是客户希望我们保证会继续为他们服务。换句话说，我们专不专业，用不用心，客户是看在眼里、记在心里的。良好的售后服务是信誉的体现。有信誉的人才能在激烈的市场竞争中立于不败之地。

💡 | 候选人在新公司过得好吗

无论是客户公司还是猎头顾问，都不希望候选人在保证期内离开。我相信大多数候选人在选择入职的时候，也一定是这么想的。但是候选人会不会离开并不取决于意志，而是取决于新公司是否符合他的预期。

虽然不排除会有特别好的外部机会来扰乱候选人的心绪，但是只要符合候选人的预期，保证期就会安然度过。因为从稳定性的角度考虑，大多数候选人不会轻易地选择离开。毕竟用"没有最好，只有更好"的想法去看待工作是危险的。绝大多数候选人并不会那么"朝三暮四"。

但如果不符合预期的话，保证期就危险了。不符合预期，还需要分情况讨论。

客观条件变化

候选人入职后发现职位、职能、汇报线、团队、薪资等中有与之前的聘书上承诺不符的情况。在这种情况下，猎头顾问了解后需要第一时间反馈给人力资源顾问。如果确认无误，候选人要离开是无可厚非的。

需要提醒的是，如果发现其中存在一些沟通误会，那么猎头顾问需要建议并协助合适的人选出面去和候选人澄清，合适的人选可能是人力资源顾问，也可能是部门领导。

与主观期望不符

主观评价更多的是人的感受。猎头顾问能做的就是帮助候选人分析清楚在遇到的问题中哪些可以改变，哪些不可以改变。不可以改变的部分，他是真心无法接受、不能容忍，还是他可以尝试去接受，或者说，他自己是不是需要做出一些改变以适应新的环境？

要让候选人明白，很多时候换一家公司并不能解决所有问题，并且每家公司都有自己的问题，有些问题还是通病。至于企业文化，流程制度上的差异适应起来是需要时间的，猎头顾问要协助候选人去学习如何适应，不要让候选人情绪化地处理问题。

🔅 | 有没有新机会让候选人心动

如果候选人在新公司如鱼得水、过得很好，即使外面有好机会，他知道了也不会心动，即便心动也不会行动。但是，如果他在新公司过得不好、不顺心，那么他很可能会心动。这个时候，猎头顾问不能一味地否定候选人的想法，而是要确认以下问题的答案：

（1）是接触过新机会吗？接触到哪一步了？是终面之前的面试安排吗？不同阶段的接触成本不同，成功概率也不同，猎头顾问需要做的是和候选人客观分析、权衡利弊。

（2）新机会吸引候选人的痛点在哪里？新机会吸引候选人的痛点往往是候选人目前所在的公司没有令其感到满足的点。那么，猎头顾问要帮候选人确认新机会是否真的能满足他的期望。

只有确定了以上两个问题的答案，猎头顾问才能做到对症下药。除此之外，猎头顾问还要提醒候选人，如果他频繁地请假去面试，对他在现公司的生存和发展不利。

💡 | 候选人想离职，怎么办

候选人觉得现公司不理想，外面又有机会找他，是很有可能会一走了之的，尤其是他已经拿到聘书了。在这种情况下，猎头顾问能劝说他不离职的概率是很低的。

所以，猎头顾问想要防止候选人在保证期内离职的话，就必须和候选人、人力资源顾问以及部门领导保持密切沟通，及时获取候选人的思想动态，知道他的处境。

站在候选人的立场去思考以下问题：

（1）如果辞职不是正确的选择，那么就要尽力做好挽留工作；

（2）如果辞职的确是正确的选择，那么就要协助他做到好聚好散。

站在人力资源顾问的立场：

猎头顾问需要及时地和人力资源顾问反馈信息。当然，在去留明确之前，只需要让人力资源顾问知道候选人有可能会发生变数，并且建议人力资源顾问和候选人聊一聊,甚至建议部门领导和候选人聊一聊。毕竟解铃还须系铃人,候选人的不适应、不满意在很大程度上源于直属领导。

候选人真离职,找不找新人

在保证期内,候选人离职了,我们通常会想到要赶紧找新人。但实际上,第一步应该是先确认需不需要找。有的时候,存在以下两种情况:一种是客户内部已经有人选了,另一种是由于一些原因职位不招了。如果客户的确需要找新人,那么则需要重新制定职位的访寻方案。尤其是在职位本身存在严重缺陷,再找人也非常有可能面临候选人离职的情况下,猎头顾问需要让人力资源顾问知道自己的顾虑,并且要想办法和人力资源顾问、部门领导达成共识,对职位的定位等进行调整,让这次招聘有效。

曾经有个职位,短期内先后换过三任,最长的在任了 1 年,最短的在任了 3 个月。业内对这个职位都心有顾虑,三任的一致说辞都是部门经理有问题,最后连人力资源顾问都默认了。到需要找第四任的时候,客户公司选择了内部转岗。虽然第三任候选人是在接近保证期结束的时候离开的,但客户没有要求退佣金。因为这三任都是同一个猎头顾问(我)给客户找的。只要我们努力服务、真诚付出,客户早晚会认可我们的价值。

在保证期内和人力资源顾问互动了吗

很多猎头顾问把关注的重点都放在了候选人身上,却忽略了和人力资源顾问的沟通。以至于当人力资源顾问知道候选人要辞职的时候,心理活动除了震惊还是震惊,除了不满还是不满。

心理活动如下所述:

(1)什么?之前你没沟通好吗?

(2)你也才知道吗?你之前干吗去了?

(3)为什么你之前没给我透露半点风声呢?

总而言之，猎头顾问没有给客户公司的人力资源顾问安排心理缓冲期。

在保证期内，不管候选人过得如何，猎头顾问都需要和人力资源顾问保持互动。

（1）定期告知人力资源顾问你在跟进候选人，让人力资源顾问知道你在提供保证期服务，没有做"甩手掌柜"。

（2）定期告知人力资源顾问，你跟进候选人所获取的信息，让人力资源顾问知道你做了哪些工作以及需要其提供什么帮助。

（3）定期从人力资源顾问那里获取候选人的信息，候选人或许没有和你说真话，但是如果有情况，人力资源顾问可能会从部门那里得到信息。

（4）寻找合适的时机向人力资源顾问要新职位，如果候选人告诉你他们部门有职位要招聘，你也可以借机向人力资源顾问要职位。

保证期内和部门经理联系了吗

在保证期内，猎头顾问如何知道候选人的情况？除了候选人自己说，从人力资源顾问那里了解情况外，还有一个渠道就是部门经理。

之前就认识部门经理

你可以从部门经理那里了解一下候选人的工作状态、工作表现以及部门对其评价，也方便你把一些信息传递给候选人，以便其改进、提高，更快地和直线经理磨合好。

之前不认识部门经理

如果候选人在保证期内和部门经理相处融洽，可以找个适当的时机，让候选人给你引荐部门经理。

如果候选人没有通过保证期，你可以让人力资源顾问给你引荐部门经理。这个时候理由是很充分的，即你希望通过和部门经理的接触，更好地提供下一个人选。当然，你也可以直接找到部门经理进行沟通。具体如何操作，需要看你掌握的资源情况，对人力资源顾问和部门经理的行事偏好的判断。

你从候选人那里知道了些什么

除了候选人自身的情况，猎头顾问可以从候选人那里获得的信息有很多。与其说在保证期内需要猎头顾问关注候选人的动态，不如说猎头顾问可以利用保证期来充分了解客户公司的情况。

在充分信任的前提下，猎头顾问可以获得的信息包括但不限于以下几点：

（1）公司及部门的组织结构；

（2）公司及部门的招聘需求；

（3）感兴趣的部门以及个人的情况。

其实，只要候选人信任猎头顾问，不管他是留在新公司还是离开，他都可以为猎头顾问提供他所知道的信息，甚至帮猎头顾问获取他需要的信息。在保证期内真心陪伴候选人并不仅仅是为了一单"生意"，而是为了未来的很多单"生意"；并不单单是为了一个人，而是为了未来的很多人。

保证期是猎头顾问与人力资源顾问、部门经理、候选人建立长期良好合作关系的契机。要想成为高产值顾问，就要先过保证期八问关。

第 13 篇

上不了市，也卖不掉，你的公司结局会如何

【陈勇（Charles Chen）】

主编推荐

　　Charles 是我的学弟，也是猎聘《大猎论道》专栏的首任主编。在从事猎头行业 20 多年，经营 FMC 的这 18 年中，Charles 累积了很多的经验和想法。他谈到的"传承制创业"的问题，我觉得非常重要。纵观现在猎头行业的发展，很多企业更注重短期和眼前的利益，很少考虑长远发展，更不要谈传承了。纵观全球寿命超过百年的企业，日本有 22000 多家，而中国只有 10 余家。所以我认为 Charles 在这个时机来谈"传承制创业"是很有必要的。就如文章中提到的，"以公司的生命力为出发点，按照业务与人性本来的特点与逻辑去发展，路可能反而会越走越宽"。

　　让我们关注本文《上不了市，也卖不掉，你的公司结局会如何》。

本文内容丰富，要点如下，请各取所需。

（1）什么是"传承制创业"？

（2）"传承制创业"有什么意义？

（3）传承制与我们常说的合伙人制有什么不同？

（4）"传承制创业"为何对猎头行业具有特殊的意义？

（5）有些猎头公司凭借"常规合伙人制"就能做到数千人的规模，"传承制创业"还有意义吗？

（6）如何做好"传承制创业"？

（7）FMC 实践传承制创业的实际效果如何？

（8）传承之后，公司创始人干啥？

（9）"传承制创业"的生意是否一定做不大？

（10）"传承制创业"是否与上市、卖掉等出路水火不容？

（11）"传承制创业"有可能是大多数猎头公司结局的终极解法！

我们处在一个创业的时代。猎头可能是最适合创业的行业之一：门槛低、利润高、可高端、可小铺子、可大平台……这篇文章是写给创业者的，尤其是写给已经创业或打算创业的猎头同行们。

我 1997 年 7 月涉足猎头行业，到现在刚好 23 年。作为对自己"从猎生涯"的纪念，我静下心来梳理过去这些年我对猎头创业中一个关键问题的思考与实践。

💡 如果上不了市，也没有人来买你的公司（或者不想上市/卖掉），你的公司结局会如何

也许很多猎头创业者根本不会为此纠结或困扰，"活在当下，随遇而安"即可。能赚钱，就继续经营；赚不了或者赚得太辛苦，就关掉，放弃，另谋他路。如果能坦然接受命运如此安排，不失为一种洒脱的选择。尤其是 35 岁以下的年轻人，他们仅仅把创业当作人生中某个阶段的体验罢了。

　　然而，并非每个创业者都能如此幸运地长期保持这样的心境。中国猎头行业有 20 多年的发展历史，有数万家猎头公司。超过 10 年历史的公司估计有上千家，随着时间的推移，这个数字还会继续增加。就我个人的观察而言，有 10 年以上的历史，未能上市，也未能卖掉的猎头公司，大多数的情况可能是：创业者经历了多轮的人员变化之后，感觉疲累、倦怠，甚至可能对公司未来的出路感到焦虑和疑惑，公司的生命力已经不够旺盛了，甚至正日渐式微。

　　在创业公司普遍"短命"的现实中，一家猎头公司能够存活 10 年以上，一定积累了相当的价值：客户关系、候选人关系、数据、品牌、商誉、创业过程中吸取的经验教训、一批有成长交集的同事等。这些价值是实实在在存在的，但上不了市，也卖不掉，就没有变现的机会；而有 10 多年经历的创业者大体应该在 35 岁以上了，转行的机会成本太高，简单的"随遇而安"的心境估计也很难持守，而且 10 多年的创业激情燃烧之后也可能心生倦怠，但除了按惯性无奈地以不知何处是终点的茫然前行之外，还能有什么选择？

　　在种种看似无奈中，主动去拥抱"传承制创业"，可能会"柳暗花明又一村"，创始人、团队、公司可能都会因此而绽放出非凡的生机！

💡 | "传承制创业"的含义与意义

　　所谓"传承制创业"，就是把业务的经营权、收益权、所有权传授给合适的实际业务经营者，进而让公司已经积累的价值得到继承、延伸与发展！

　　换句话说，就是在缺少（或选择放弃）上市或外部出售机会的情况下，公司创始人主动地、有计划地、有秩序地把公司业务的全部（或部分）经营权、收益权、所有权以无偿或低于市场定价的方式传授或出售给公司内部合适的实际业务经营者，让公司多年积累的综合价值（经验、资源、商誉、品牌、平台、文化、团队等）得以继承、延伸与发展；让公司创始人、公司资深成员与创业公司之间达成"三赢"，从而避免创始人倦怠、"老板天花板"、资深成员因综合空间不足而流失，进而导致公司日渐式微、逐步消亡的无奈结局！

尽管"传承制创业"可能不是大多数猎头公司创始人的主要选择，但它却能够解决大多数猎头公司面临的常见症结。

公司结局困惑

能够把一家猎头公司做到上市或者卖掉兑现，从财务的角度来看实在是太吸引人了，绝大多数创业者都在有意无意中把公司上市或卖掉当作公司结局的主要追求。而市场的实际情况是，在中国市场上的数万家猎头公司中，能够上市或卖掉的猎头公司估计只有数十家，只占千分之一的比例。同时，随着了解程度越来越深，更多的投资者会明白，单纯的中高端猎头业务不是一个资金驱动型的业务，即使要买，买掌握资源的人会比买公司要划算得多。

对于绝大多数以中高端猎头业务为主的公司而言，上市或卖掉，事实上是很难走通的"独木桥"。清醒地意识到这个"残酷"的现实，对很多猎头公司的创始人而言，通常意味着两种状况：对公司结局感到无奈，只好以"活在当下"的情怀，看看"命运之河"把自己及公司带到何处，或者时不时地陷入"出路究竟在哪里"的困惑中，耗掉宝贵的精力……

而如果我们能心悦诚服地接受上市或卖掉不会是主流这个现实，主动选择"传承制创业"，我们就能自然地走出关于公司结局的无奈与困惑！

创始人倦怠

创业是个很累人的活，既需要激情也需要体力。种种因素决定了猎头行业会是一个人员流动大、内部分裂频繁的行业。有 10 年以上经历的公司创始人，大多数都经历了公司几轮的人员变动，在一次次没有什么新意的轮回中，难免心生倦怠。创始人往往是公司前行的发动机，而一艘发动机倦怠的船，注定是无法远行的。主动选择"传承制创业"，有可能实现多台发动机接力或一起加速，绕开"创始人倦怠"这个陷阱。

"老板天花板"

一家公司能够成长的高度，往往取决于老板（或公司创始人）的高度。老板（公司创始人）不但有可能倦怠，而且当公司发展到一定程度时，他们的视野、能力等自身的高度往往会成为公司进一步成长的障碍。这个道理很容易懂，但这道坎却不容易迈，因为管理一个见识与能力有可能比自己强的下属，往往会是一件很痛苦的事情。

如果一个创业者对公司的发展更有智慧，也更具情怀。主动拥抱"传承制创业"，就更容易吸引和包容在某些方面或整体上比自己更强的人，并主动给他们创造成长的空间，从而绕开"老板天花板"这个公司的成长障碍。

公司内部最能干的人流失

猎头行业是很容易从内部分裂的行业。敢于从原公司走出去独自创业的人，通常都是公司中最有担当、最有能力、最有野心，同时也是最有影响力的人。对于这样的人，很多老板、公司创始人的做法可能是：分享一些看似合理的利润与股权，然后激励大家一起先把饼做大，并天真地认为把饼做大了就一切都好了……现实中，很多猎头公司的老板会发现，他们的合伙人机制运作得并不顺畅，甚至会与自己发展的合伙人之间矛盾重重，相互抱怨。除了利益分配之外，合伙人机制还涉及更多的空间感、成就感、掌控感等问题。

主动拥抱"传承制创业"，有序地支持这些最能干也最想干的人，让他们在其所负责的业务上拥有真正的主导权，同时以打破"老板天花板"的方式为他们创造出足够大的成长空间，公司创始人就有可能凝聚公司内部最能干的人。

公司持续经营的生命力不足

对公司结局的定位不同，会极大地影响公司创始人的决策思路：随遇而安（只要能赚钱就行），或者执着地追求上市，抑或努力奋斗几年后卖掉变现，再或者不知结局地随机前行。在每一种对公司结局有意识或无意识的认知中，每家公司的创始人都在实施着与之相应的策略，这些策略深深地影响着公司作为一个组织的生命力。

主动选择"传承制创业"，老板及公司创始人最有可能从持续经营的角度去思考公司的未来。当一个决策者选择从这个角度去思考未来时，他就容易突破短期得失的束缚，转而注重公司的长期发展。总体来说，这样的思维与决策更有利于增强公司的生命力！

☀| 传承制与我们常说的合伙人制有什么不同

广义来看，我们可以把传承制视为合伙人制的一种。

但它与市场流行的，我们常说的合伙人制又确实有些本质的不同：大多数合伙人制，都是创始人（或投资人）分享部分利润或股权来达成激励资深成员的效果；创始人或投资人仍然保持对公司的控制权，思考问题的出发点大体是创始人（或大股东）财务利益的最大化（当然，这样的诉求完全合理）；而传承制的核心在于，让公司最合适的经营者在他们所负责的业务中，在经营权、收益权、所有权上处于主导地位，创始人（或投资人）可能并不控制公司。**把思考问题的出发点从公司创始人（或大股东）个人财务收益的最大化上，转移到公司生命力的最大化上。**

☀| "传承制创业"为何对猎头行业具有特殊的意义

猎头生意赚不了大钱，但仍然是个好生意：风险不大，很容易过得小康滋润，同时能够真正影响他人，收获很多朋友，在工作中享受友谊；在抵御"互联网 + 大数据 +AI"对工作的侵蚀上，中高端猎头业务还拥有很好的"护城河"效应。总之，这是一个值得长期耕耘的行业。

猎头业务是最容易管和最难管的生意！猎头业务的绩效很容易衡量，而且人与人、部门与部门之间，彼此推脱责任的空间不大，所以猎头业务本身很容易管理；但这样的业务特点，使猎头顾问个人对于具体客户的影响力往往比公

司的平台与品牌更重要，公司可能缺失有效管理的控制力，因为资深顾可能非常容易地带着生意"跳槽"到其他猎头公司或者自己创业。因此，从人员管理的角度来看，猎头业务同时也可能是最难管的生意。

很多猎头公司的老板尝试过从技术手段、业务流程、组织结构重组等多个维度来降低业务对人的依赖程度。就我个人过去 20 多年对猎头业务的观察而言，这些努力能够缓解猎头业务对人的过度依赖，但总体上收效不大。中高端猎头业务涉及的客户需求、候选人及猎头顾问本身，标准化程度较低，同时是复杂的长流程、多环节交易。在可以预期的将来，有经验的猎头顾问对于具体客户业务上的决定性作用，总体上是无法取代的。

时常有人拿猎头公司与会计师事务所及律师事务所的机制来类比，并试图从中获得启发来改造猎头行业。我个人的看法是，这种思路似是而非，容易被误导。中高端按结果收费的猎头公司的业务与会计师事务所的业务和律师事务所的业务有着本质上的不同。例如，在知名会计师事务所负责一家大公司的审计业务的合伙人离开原来的事务所独立创业后，在大多数情况下，尽管他能做同样的审计工作，却拿不到这家大公司的业务，因为他的创业公司缺少原事务所的品牌与商誉；而一家在知名猎头公司负责同一家大公司猎头业务的资深猎头顾问独立创业后，在大多数情况下却可以延续与该客户公司的业务往来，而且往往更有竞争力。我们如果请 A 律师帮我们打官司，在同样的案子上就不能请 B 律师，而且即便 A 律师输了官司，律师费多半还是要付的，而猎头业务则往往没有这样的排他性，而且是有结果才收费；从客户角度看，多家猎头公司竞争同一个职位，这对客户可能还更有利。会计师、律师、猎头顾问同属专业咨询行业，它们有一些共性，但三者在业务上的关键差异决定了它们的组织方式不能被简单地套用。

很难找到一个像中高端按结果收费的猎头公司那样，猎头顾问对生意的影响是那么简单直接，如果我们改变不了"生意跟人（而非跟公司或平台）走"的格局，那么我们唯有顺应这样的现实。

越来越多的猎头公司老板认识到合伙人机制可能是个出路，于是通过分享利润或分享公司股权来发展合伙人，却发现同样困难重重。核心原因可能是，**公司创始人（老板）的控制太多，合伙人在自己负责的业务上无法从经营权、收益权、所有权这几个维度获得主导权**。这几个维度的主导权如此重要，主要是由于以下 4 个原因：

（1）按照人类的天性，在群体努力才能达成的成果中，我们都倾向于放大自己的贡献比例，所以无论如何分，每个人都有可能会觉得自己的贡献比例被低估了，钱分少了，自己吃亏了；

（2）中高端的猎头业务本质上是基于人际互动的关系型业务（而非数据型业务），这个特点使业务与个人而非公司的黏性更强；

（3）非上市公司的少量股权，大体上只能解决认同感的问题，因为无法卖掉变现或者带来公司的主导权，对事业欲望极强的合伙人来说，这样的股权其实意义不大；

（4）除了利益分配之外，这几个维度的主导权往往意味着更多的空间感、成就感、掌控感等。

在人类的天性中，最核心的天性可能就是自私（从自己的利益得失角度出发去处理事情）。如果觉得自己吃亏了，自己又能轻易带走业务，即使有些小股权意义也不大，换个平台或自己创业，获得的空间、成就感、掌控感可能会更好（虽然实际情况未必如此）。在这样的主观判断下，分裂就容易被触发。即使给他们"合伙人"的头衔，让他们也能分享利润，甚至拥有股权，老板还是留不住人，几番下来后，老板的内心其实挺受伤的。而当我们从当局者迷中抽离出来看时，又会发现，这些离开是那么自然与合理。（关于猎头业务利益博弈的特点与内在逻辑，在《当猎头公司的老板可能是天下最郁闷的事》一文中，我做了更加详尽的分析，有兴趣的读者可以参阅。）

考虑到猎头业务如此独特的业务特点，"在自己实际负责的业务上，从经营权、收益权、所有权这几个维度都拥有主导权"，可能是把人留住的最彻底的办法！因为这个办法的机会成本太高，"跳槽"或者创业的意义已经不大。

在帮助核心成员获得这些主导权时，公司创始人为何需要"无偿或低于市场价格"？原因在于以下几点。

（1）避免大家就怎样才算是公平的价格发生分歧，在你多我少的冲突格局中，彼此达成心悦诚服的共识的难度是很高的。而这样的传承制机制，彼此之间的信任与认同则是基础与前提。

（2）能够把人留住，即使短期内"吃些亏"，但从长远看，这对公司创始人或老板反而可能更好。

（3）在工业时代，按出资分配股权也许是合理的；但在知识经济时代，这个思路可能就有点迟时。尽管可能未出资（或出资较少），让实际经营该项业务的人在经营权、收益权及所有权上处于主导地位，可能就商业本质来说反而会更加合理！

就我个人的观察与 FMC 创业团队的实践而言，"传承制创业"对猎头行业可能具有非常特别的意义。其他的行业因特点不同，未必能够简单套用，但传承制的精髓在于：把思考问题的出发点从公司创始人（或大股东）个人财务收益的最大化上，转移到公司生命力的最大化上，这样的思路可能具有一定的借鉴意义。

🔆 | 有些猎头公司凭借"常规合伙人制"就能做到数千人的规模，"传承制创业"还有意义吗

在与同行朋友讨论猎头行业的"传承制创业"时，我被多次问及：市场上有些猎头公司凭借"常规合伙人制"（这里所说的"常规合伙人制"是指，相较于"传承制创业"中的主导权转移至具体业务经营者的手中，主导权仍然掌握在公司创始人手中的合伙人制）就做到了数千人的规模，"传承制创业"还有意义吗？

市场上有一批擅长服务长尾客户（平时不那么容易被注意到的客户）的猎头公司，它们的发展速度及已经达成的规模确实令人佩服。其中的个别公司，甚至是我所知道的猎头公司中最有创新力的猎头公司之一。这些公司在合伙人机制、品牌、系统、文化等多个方面也颇有建树，但就我个人的理解而言，这

些方面的建树对于他们的成功并非最关键的因素。

打个比方，麦当劳、肯德基做到的规模比中餐馆大得多，我们往往会把原因归结为它们的标准化、流程化、品牌化、资本化。当你找麦当劳、肯德基的内部人士介绍他们的成功经验时，他们也会把成功归结为这"四化"。而麦当劳、肯德基的"四化"得以成立的前提是，在他们的餐饮体系中，大厨的作用基本为"零"。如果像中餐馆一样，产品的品质高度依赖于大厨，那么这"四化"基本上是"空中楼阁"！

借助这个比方，我们能够明白：这些擅长长尾客户的猎头公司，它们真正的革新在于找到办法，把个人对公司猎头业务的影响力降到很低的水平。这与他们能够高效而低成本地获取到数量巨大的长尾客户的能力密切相关。这些客户的基本特点是重复的生意不多。这类猎头公司有基数巨大的客户群，但重复性生意、单产较高的大客户所占的比例很低。在这样的情况下，公司需要数量庞大的猎头顾问在大量客户的零散需求中淘金，在这种业务模式下成长起来的团队负责人离开原来的公司平台，很难有能力持续获得如此大量的客户，同时也很难吸引并维持一个人数众多的团队。在这种模式下，尽管顾问的人均单产极低，但老板们却可能盈利颇丰，而且公司平台还相对稳定。这样的猎头业务模式，相较于传统猎头而言，的确是一大创新；而传统的中高端猎头业务，主要的客户群体都是有重复性生意的主流客户，盲目模仿这类擅长长尾客户猎头公司的合伙人机制，效果往往会适得其反。

除非我们能够改变猎头业务对资深顾问的依赖，否则，"传承制创业"的思路还是值得认真去探索的。

如何做好"传承制创业"

"传承制创业"这个概念听起来很美好，但在现实中如何做好？下面，我就我个人以及 FMC 创业团队所走过的路，梳理了一些初步的经验，在此抛砖引玉。

悟透利益格局的智慧

能干的核心成员离开，不但他们原来能贡献的价值消失为零，而且往往对公司未离开的人员会造成极大的负面冲击。基于这样的判断，我们大体上可以得出这样一个结论：除非给组织里的其他个体或单位带来了严重的负面影响，能长期稳定地留住最能干的人，无论利益分配的格局如何安排，总体上对于公司创始人及公司组织而言，都是利大于弊的。

而想要长期稳定地留住这样的人，最彻底的方式莫过于让他们在其所负责的业务的经营权、收益权、所有权上处于主导地位，同时打破"老板天花板"，让他们拥有无限的成长空间。

所以，"传承制创业"需要公司的创始人看透基于业务特点及人性的猎头公司内部的各种利益的博弈机理。

超越财务收益的情怀

"传承制创业"的出发点是"公司生命力最大化"，而非"创始人╱投资人财务利益最大化"，这两者之间有交集，但往往不能完全重合！

公司的创始人冒了那么大的风险，付出了那么多的心血，才让一家公司发展起来，"把全部与部分公司的经营权、收益权、所有权，以无偿或低于市场定价的方式传授或出售给合适的公司内部经营者"，这个坎其实很难迈过去，人性使然。这也解释了为何那么多的猎头公司老板觉得上市或卖掉兑现是最优的出路，尽管这个过程未必像外人看起来那么光鲜和愉悦！能够支持公司创始人迈过这个坎的，除了看重细水长流的长期收益，确实需要一些超越财务收益之外的情怀。例如，追求人生意义、人际友谊、发展组织、发展人的成就感……

满足动态需求变化的渐进且灵活的机制

一个新人从入行到完全独立创业，其间可能会经历不同的阶段。从我们的实践经验来看，大体上会经历"新人—成熟顾问—团队领导—利润分享的合伙人—有少数股权的股东合伙人—共享品牌的独立公司控股股东—共享后台的独立公司控股股东—完全独立的公司负责人"的成长阶段。他们在每个阶段都会有不同的诉求，同时每个人的成长速度、风险偏好、创业的欲望也较为多样化。理想的情况是针对这些动态变化且多样性的需求，发展出一套渐进且灵活的机制，能够对猎头顾问在发展过程中对经营权、收益权、所有权的不同诉求进行包容性的组合。

是否采取传承制（或合伙制）的关键因素

创业之路没有一条路是简单的坦途，独自创业、上市、出售、合伙制、传承制，各有各的酸甜苦辣，没有简单的对错，只是关乎创业者价值的选择。合伙制可以是传承制很好的过渡阶段，是否采取传承/合伙制的关键因素，与公司的人数与规模没有直接关系，而与公司创始人（老板）对业务活动的掌控程度有关。

健康而非病危时"做手术"

公司团队组织健康、盈利状况良好的时候，是最适合进行公司传承制安排的时候。如果仅仅是公司创始人因为倦怠、疑惑、公司经营困难而将公司业务交给内部同事继续打理，这样的传承制效果往往会适得其反！因为没有人会因为接手一个棘手的活儿而心存感激。当然，公司健康的时候，让创始人"放弃"理应属于他们的利益，往往也比较困难，这也是为何需要创始人看透利益格局并且需要有超越单纯的、短期的财务收益的情怀！

让公司有序地"失控"

公司的创始人对公司的经营权、收益权、所有权都不占主导地位，公司岂不是失控了？是的，公司确实有可能失控。但你需要的是有序地、阳光地让公司逐步"失控"！如果你愿意，你有可能在这个"失控"的过程中获得更加长足的发展！

尝试去控制你无法真正掌控的因素，可能是很多猎头公司老板苦恼的根源。

作为猎头公司的创始人，你其实无法控制你的下属，只能陪伴其成长，并在这个过程中找到彼此共赢的最大公约数。

随着下属逐步成熟、成长，公司创始人（老板）以及公司的平台对他们的价值也有可能递减，直至有些人在价值选择上需要完全独立的空间。对此，公司创始人（老板）应该学会尊重，动态地顺应这些变化，把关注点集中在能让彼此双赢的焦点上。相比一方努力控制，另一方努力反控制，在博弈的过程中用尽诸般心机、种下种种恩怨，阳光有序地"失控"反而更加有建设性！

事实上，在公司内部，愿意去独立创业的人只是少数，而这些人的影响力却可能是最大的。在机制上为这些人打开天窗，让所有"分裂""失控"阳光化。在这个过程中，公司大多数人的心态反而获得了安定，最终的结果可能是：越是局部有序地"失控"，公司在整体上越是健康；逐步"失控"的过程，其实是彼此逐步获得更多成长空间的过程。

没有友谊与信任，就没有真正的传承

创始人与公司核心成员之间的友谊与彼此之间的信任至关重要，这样的文化基石是传承制得以实施的基础。从单纯的财务角度来处理彼此之间的关系，传承制很难运转流畅。

💡 | FMC实践"传承制创业"的实际效果如何

FMC 的历史大体上就是探索"传承制创业"的历史。我们把 FMC 长远的愿景定义为：**成为价值、健康、友谊驱动的最具创新力的招聘机构（To be the most innovative recruitment organization driven by value, health and friendship）**。这样的愿景就是我们把整体的"公司生命力"放在核心位置：均衡地强调对客户与对公司同事的价值；利润健康，组织健康，个人由内而外身心健康；友谊不仅能使我们的生活更美好，也能提升我们的生产力；均衡地注重机制、战术与科技应用这 3 个维度的创新；同时，我们把业务清晰地定位为中

高端职位的招聘。

在 FMC 成立以来的十几年里，我们大体上走完了"传承制创业"的每个阶段：新人—成熟顾问—团队领导—利润分享的合伙人—有少数股权的股东合伙人—共享品牌的独立公司控股股东—共享后台的独立公司控股股东—完全独立的公司负责人，我们用实战验证了这个模式中每个环节的可行性。从单纯的财务角度来看，我们的表现算是中等偏上，并非优异；而就长远的公司生命力而言，我们确实打下了很好的基础：在北京、上海、广州、深圳这几个核心经济城市，我们都取得了连续 10 年以上的有规模的成功；在人员发展模式上，以内部培养为主，内外并重，以外部同行招聘为主，不同的团队因地制宜地在每类人才发展的模式上获得过成功，而且能彼此包容、相得益彰；在每个主流行业，我们都算是站稳了脚跟……过去两年，我们还有序地完成了"传承制创业"的关键阶段：通过内部传承的方式，各项业务的经营权、收益权、所有权更多地在由一批实际业务的经营者来主导！作为一家有近 18 年历史的猎头公司，没有上市，没有出售，公司不但没有暮气已深，最近两年反而以更强大的生机在快速地向前发展。

而这一切的发生，确实得益于"传承制创业"这样的思路。没有人能确保在这个思路上一定会成功，但如果你的公司上不了市，也没人收购，而你又不想无奈地随遇而安……这个思路，确实值得试试。

💡 | 传承之后，公司创始人干啥

"传承制创业"的精义在于超越创始人倦怠与"老板天花板"，源源不断地为公司内部成员开启更多的不受限制的空间。创始人在什么时间段、年龄段，把局部还是整体传承给内部成员，视公司创始人的不同情况，可以有多种不同的组合。传承之后的创始人定位也可以有多种不同的选择，大体上可将其归结为以下 3 类。

保全价值，逐步淡出：出于种种原因，如累了、烦了、干不动了、想换"战场"了等，创始人不想再继续创业了；在大多数情况下，这样的公司是上不了市，也没人收购的，与其让公司衰落消亡，不如提前保全公司现有的价值，以无偿或低于市场的价格传承给内部合适的人，然后创始人逐步淡出，祝福公司发展得更好就可以了！

重新定位，陪跑喝彩：安排传承，开放公司内部的更多成长空间后，创始人不用离开赛场，只是重新定位自己的角色，承担部分自己有兴趣也有能力的工作，然后一起陪跑喝彩。

放大经验，更多精彩：创业过程中的很多经验与能力，只有自己亲身经历，才能获得，创始人通过传承的方式，从原来公司的营运角色中释放出来之后，其实可能帮助公司内部更多的人创业或者成长。放下之后，其实可以发展更大的事业，经历更多的精彩。

很多时候，退一步海阔天空。猎头公司创始人并非一定要将公司上市或者卖掉兑现才算善终的选择；立足于"传承制创业"，猎头公司创始人反而拥有更多的选择！

💡 | "传承制创业"的生意是否一定做不大

在实践操作上，"传承制创业"强调"最合适的实际业务负责人逐步对业务的经营权、收益权、所有权获得主导地位"，这是绕开创始人倦怠、"老板天花板"，确保公司生命力的主要办法。这样的操作模式会让公司处于一个不断裂变的过程中。"传承制创业"是否最终只成就了一家一家的小公司，其生意就一定做不大呢？

首先，如果我们把视野从公司发展扩展到创业者的人生幸福上，你也许会同意做一间 DSP 公司（DSP 的意思是 Decent、Small、Profitable，即体面的、小的、赚钱的）往往离幸福生活更近些。"小"并没有什么好苦恼的！一家 DSP 公司可能是个小生意，但如果你能通过"延展的森林模式"发展"A Group of DSPs/ 很多家 DSP 公司的组合"，那么你也是可以做成一笔大生意的。

"传承制创业"的精神有利于公司像不断延展的森林一样以良性的裂变态势成长：经验不多的公司成员像一棵棵成长中的小树，在它们还不那么强壮时，可以被种在同一块地里，彼此间可以相互借力以抵御强风暴雨，而当这些小树苗成长得越来越粗壮后，逐步展开的枝叶树冠就会成为对彼此空间的限制，有传承制精神的创始人会主动地、有序地把这些长大的树木移植到更加空旷的土地上，让他们获得更加充足、自由的成长空间。这样，尽管每棵树都需要更加独立地面对风雨，但它们却有机会长成一片新的森林。

由于绕开了上市、出售需要的控股权、财务报表合并之类的束缚条件，公司创始人无须控制，只需要支持每一棵树自然地成长。公司创始人可以专注于每棵树之间的各种连接（如品牌、数据系统、业务支持、人员成长、生意思路、文化、友谊等），把这些拥有相对独立空间的树木连接成"不断延展的森林"。

☀ | "传承制创业"是否与上市、卖掉等出路水火不容

首先，对单纯的中高端猎头业务而言，猎头不是一种靠资本驱动的生意，作为有耐心的成熟投资者，买掌握资源的人可能比买公司更划算。

其次，相比一家急于卖掉的猎头公司，一家立足于自身持续经营能力的健康公司对投资者而言可能价值更大，只是买后者的过程会相对麻烦些。由于传承制强调友谊与信任，只要创业团队的成员能够达成共识，其随时可以尝试将公司上市或者卖掉。而一家本来要上市或者被卖掉的公司想要转变为合伙人制或传承制，难度可能会更大些！

从这样的角度来看，按照"传承制创业"的思路，以公司生命力为出发点，按照业务与人性本来的特点与逻辑去发展，路反而会越走越宽。

☀ | "传承制创业"有可能是大多数猎头公司结局的终极解法

让真正经营业务的人，逐步获得业务的经营权、收益权、所有权，直至支

持他们拥有一家完全属于自己的公司；把公司治理的思考焦点从创始人的财务收益最大化调整为公司生命力的最大化，这可能暂时还不是大多数猎头创业者的首要选择，但却有可能是很多猎头公司结局的终极解法。因为在这样的安排下，无须去挤上市或并购的"独木桥"，猎头公司的创始人、资深顾问、公司本身都有可能寻找到相得益彰的多赢出路！

一粒麦子，被保存到烂掉，终究也只能是一粒麦子；而它掉在地里，反而有可能结出更多麦粒。

第14篇

做 3A 猎头顾问

【王桂生（George Wang）】

> **主编推荐**
>
> 我特别喜欢 George 这篇文章中的一句话："行为好和业绩好的人决定当下，态度好的猎头顾问决定未来。"持续作战能力成就一个优秀的猎头顾问，我一直都说猎头顾问是一份需要跟失败打交道的职业，1% 的成功喜悦可能需要经历 99% 的失败来获得。态度往往决定一个猎头顾问能走多远。George 从事猎头行业十几年，阅人无数。他所提出的"3A"是他多年来看到的那些优秀猎头顾问身上的共性，希望能给大家启发。

庄华邀请我为《大猎论道》专栏写一篇文章，我看了以前刊载的部分文章以及猎头顾问的评论后，感觉这件事情颇有难度。在此专栏发表文章的大多数是猎头公司的老板，他们主要从经营管理和业务模式的角度探讨猎头行业的种种问题，而读者大部分是猎头顾问。所以作者稍微不注意，就难免被认为不够接地气。作为从事该行业十多年的"老兵"，我尽量从猎头顾问的角度来讨论一些问题，抛砖引玉。

常常有人问我，什么样的猎头顾问是好顾问

我接触了不少猎头顾问，发现优秀猎头顾问有几个共同特点，可以概括为 3A：行为（Activity）、业绩（Achievement）和态度（Attitude）。

那么在 3A 的特性中，哪个才是最关键的呢？

行为好和业绩好的猎头顾问决定当下，态度好的猎头顾问决定未来

这里的"态度"其实包含 3 个方面。

第一，从猎头顾问本身的特性来讲，猎头顾问是一个受挫感很强的职业，面对的拒绝比接受多得多。在这种情况下，有一颗强大的百折不挠的内心是必要的。将拒绝视为常态，切忌有玻璃心。许多从企业人力资源顾问转过来的猎头顾问适应不了主要是因为这点。

第二，态度体现为猎头顾问对业绩有较高的追求，无论是业绩带来的高额奖金还是荣誉感、成就感。顾问要不断地挑战自己，时刻保持好奇心和高昂的热情。就像 Tony Seager 在《成功猎头生意的八大特质》里讲的，世界上最成功的猎头公司是那些简单得既无情又优雅的企业。猎头顾问也一样，只有对自己狠一点，才能获得持续的高业绩。

第三，猎头顾问还应具有合作态度。资源只有被利用了才有价值。和团队里的其他猎头顾问沟通交流、互换资源，不仅能使资源最大化，还能互相学习、共同提高。最重要的是，一个组织只有内部合作，才能形成整体的战斗力，稳步提高猎头顾问的人均业绩。合作还包括与客户、候选人和公司的合作，选择

合作而非对立，才能成就彼此。

因此，无论是对职业本身、业绩还是工作而言，态度往往能决定一个猎头顾问能走多远。

态度往往决定一个人的行为

高尔夫球教练说，初学者要练习 5000 个球才能下场。高尔夫球的动作分解一共也就十来个要点，但要让动作规范，需要练习上千次。而且即使是老手，也要经常练习才能保持一定的杆数水平。

由于客户岗位不同和候选人不同，猎头更是个实战性很强的行业，大量的行为实践是成为一个好猎头顾问的前提。各公司都有自己的关键绩效指标考核体系，如电话量、面试量、发候选人量等。针对不同的模式，如 KA 模式（又叫 RS 模式）、SME（中小型企业）模式（又叫 PS 模式）、Neural（纯中介）模式，行为量的权重可能存在很大的差别。以面试候选人为例，庄华总在《高产值顾问看起来是什么样的》一文中提到，猎头顾问每天要和 10 ~ 20 个候选人沟通，才能达到月推荐 30 ~ 50 人的目标。以每天 15 人为例，一年要和超过 3000 个人沟通才行。

很多猎头顾问认为关键绩效指标是给公司考核用的，其实公司要这些关键绩效指标没什么用，目的还是为了提高猎头顾问的业绩。根据行为量的分析和质的分析，可以了解猎头顾问在哪些方面优秀，在哪些方面需要加强，从而有针对性地辅导、帮助猎头顾问更努力并且更聪明地工作。

问题是猎头顾问达不到关键绩效指标的要求怎么办？具有不同企业文化的猎头公司的处理方式可能不一样。但大多数猎头公司会采取奖惩措施：或者与提成挂钩，或者设置关键绩效指标奖励。无论采取何种方式，都需要直线经理重度参与，确保猎头顾问每天和每周的工作量达到要求。

态度和行为在业绩的体现上最直接

业绩是猎头顾问和公司生存发展的根本，其重要性不言而喻。猎头是一个以结果为导向的行业，客户只付功劳而不付苦劳。

问题是如何提高绩效？

首先要专注于焦点。这个市场不缺全才，但缺专才。只有专注于特定行业的特定岗位，才能更了解该岗位及候选人群体，使交付速度和质量到位，给客户创造独特的价值。

其次要有计划。猎头顾问常常受客户和候选人的驱动采取行动。优秀的猎头顾问总是主动计划好每时每刻的工作，使自己牢牢掌握整个流程。数年前，我遇到过一位百万业绩的顾问，该猎头顾问没有手机，我问她客户或候选人找她怎么办，她说："在他们找我之前，我就已经主动找过他们了。"

最后要定期复盘检查。无论是每天还是每周，自己都要积极复盘，找出失败的原因，找到改进的措施。例如，某个职位自己也参与了，但是却由其他同行做成了，检讨自己当初为什么没有找到该候选人，下次应该怎么做。

交付金额不是业绩的全部。业绩还包括成单数、平均收费、收款期、成单率、成单周期等。此外，各个阶段的质量比例考核也可以成为业绩的一部分。

总之，猎头业务涉及很多方面。本文仅就优秀猎头顾问的行为、业绩和态度做了一些探讨。满足一点的是 1A 猎头顾问，满足两点的是 2A 猎头顾问，祝各位成为 3A 猎头顾问！

第15篇

猎头顾问的温度

【萧东楼】

主编推荐

　　东楼是个很特别的作家，除了作家这个头衔，他还有很多标签——"实战派人力资源专家""大学名誉讲师""职业规划顾问"等，江湖人称"萧大"。他的小说《猎头局中局》吸引了很多怀揣着"猎头梦"的年轻人加入这个行业。对于猎头行业的壮大，东楼绝对有贡献。这次非常高兴有机会请他给《大猎论道》专栏写稿，他爽快地答应了，对此我十分感激。如期收稿后，我赶紧拜读，当读到"人力资源工作职业道德背后的人文主义关怀，正是猎头工作的'温度'所在"时，我被深深地打动了，所以视他为猎头知己。一个有温度的猎头顾问，才能对抗这个行业高频度的挫败感和失落感，才能把温度传递给客户和候选人。谢谢东楼！

记得那是 20 年前的一次酒会，一件意料之外的事情改变了我的职业生涯。

我在某个酒会上，无意间听到时任某世界 500 强企业中国区人力资源高级经理的 Richard 在跟上海的一位朋友聊天。Richard 是个说话风趣的"光头"，他的讲述引起了我的兴趣。酒会是个很随意的场合，我冲他们微笑后就坐在旁边的沙发上静听。

Richard 说："那天我约了一位候选人前来面试，当时是夏天，我们的工厂离市区很远，那位先生坐了两个小时的车赶到我们的办公室，背后的衬衫全部湿透了。

"不幸的是，在聊了不到 5 分钟的时候，我就发现，这位先生的资历与其简历上的描述不符，倒不是因为他不够诚实而夸大了自己的经历，主要是他不会写简历，里面有许多问题会误导别人。

"于是我花了大约一小时跟他沟通关于他的职业定位和职业规划的问题，以及简历的包装和写法，客气地送走了他。

"我的助理问我，这个人明明就不是我们要的，为什么你要跟他浪费那么多的时间？我很严肃地告诉她，别人花了往返不低于 4 小时的车程来到我们公司应聘一个职位，无论如何，我们也不能花 5 分钟把他打发走。因为他付出的汗水，我至少要给他喝下 4 杯咖啡的时间。并且，我希望来的人无论录用与否，都能对我们公司留下良好的印象，而这个印象取决于他是否有所收获。"

说实话，当时这段对话只是他们同行间的一次闲谈，但对我的震撼却是如此之大，我开始着迷于人力资源工作职业道德背后闪烁着的人文主义关怀的高尚光辉，如果用我多年受教的儒家思想来说，这是一种"大善"。

后来我改变了自己的职业轨迹，进入人力资源这个领域。我向自己承诺，我会为了这种"大善"而努力终生。

人力资源顾问也一样，可以从厚度、宽度、深度、力度等多个方面去评价。厚度是指人生历练的积淀，宽度是指知识经验的跨度，深度是指在专业细分领域的纵深程度，力度是指决策力和执行力的优秀程度。

　　然而，我今天想从另外一个角度来阐述我认为优秀的猎头顾问需要具备的特殊素质，那就是温度。

　　我在自己多年的从业经历里，无论是从事猎头顾问还是人力资源顾问，都面试过不少的求职者，我始终希望自己能在每一次的面试中给予对方一些帮助，而不仅仅是为了完成一次招聘任务或者搞定一份聘书，更不能伤害候选人的自尊心。我常跟自己的下属说的一句话是：如果大家换位思考一下，坐在对面的人是你，你希望面对一个什么样的猎头顾问或者人力资源顾问呢？而面对无数因此受益向我真诚致谢的候选人，我也只有一句话：希望他们能在以后的工作场景里，将这样的温度传递给其他需要的人。

　　如果你认为这是道德层面的说教，那我们不妨抛开这些来看一看事情的本质。

　　在刚刚过去的那个时代，成功的商业模式多半从发现和解决信息的不对称，逐步过渡到解决势能的不对称。你可以闭上眼睛想一想，你最熟悉的那些企业是不是都是因为前者而成功，因为后者而壮大？

　　然而，随着时代的发展和业态的变化，各行各业都将回归事物的本质，那么在如何发现与解决价值不对称的道路上，势必会出现新的商机。

　　那么，我们来看看猎头乃至人力资源行业的行业价值到底是什么。如果我们还抓住所谓的简历或者信息匹配作为制胜法宝的话，新一代的猎头顾问如何解决价值不对称的问题，从而全面超越从业已久的猎头顾问呢？

　　这是一个值得思考的问题，我也许现在无法给你一个标准答案（将来如果有机会，我很愿意跟大家做专题分享），但有一点可以肯定，那就是如何正确地面对简历背后活生生的人。

　　你看，如果你不再把与候选人的沟通看作对简历和信息的确认补充，不再把成交作为建立关系的唯一目的，那么你是不是该给对面那个活生生的人一点温度呢？因为只有那样，他才会觉得你也是个活生生的人。

　　未来的组织一定会重构，这是一个不争的事实。组织与个人的关系会被重新定义，边界会逐渐模糊甚至消失。换言之，企业依然需要优秀的人才，而人才却未必同样需要企业。未来的企业只有重新定义组织，才能更好地解决人才的问题，而这个课题直接影响到的行业就是人力资源行业。当然，重中之重就是猎头行业，因此我们的任务或者业务就要被重新定义了。

当人才的寻访不再是解决问题的重点时，如何影响人才的决定或者如何实现候选人的最优配置，才是猎头顾问奋力拼搏的真正"战场"。那么这个时候，你猜候选人会更愿意同什么样的猎头顾问合作呢？我想，应该是有温度的那些吧。

我想在大家丰富的职业生涯中，如果你曾经真的有过发自内心的善意言行，那么你也一定感受过来自候选人和人力资源顾问的温暖吧？你有没有在一次深夜面试后，被候选人主动送回家？你有没有在异地出差时，受到当地人力资源顾问在生活细节上的照顾？你有没有在一次次长时间的电话沟通后，被候选人或人力资源顾问提醒要注意安全、注意身体健康？你有没有在工作中得到过同行的无私帮助？你有没有在逢年过节时，收到过来自候选人、人力资源顾问乃至同行的礼物或问候呢？

我把这些称为"有温度的反哺"。

我想只有做过那些有温度的事、说过那些有温度的话、得到过正向的有温度的反哺的人才能真正做好一件事。这也是我今天要说的重点：对自己的善意。

所谓"成人方能达己，渡人才能渡己"，当你对他人施以温度时，你才能真正地感受到来自自己的温度。有了这个善意的支撑，你才能时刻捕捉到自己做每件事的价值和意义，才能对抗这个行业高频度的挫败感和失落感。如果你只是为了拿到聘书或者领到佣金，那么你就只能在寒冷的夜里痛苦地打陌生电话。

其实，对他人做些有温度的事情，实际上也是对自己的尊重和肯定。

因为，被人需要是一种幸福。

就如同冬夜里回家，上楼后将电梯按回 1 楼，温暖其他夜归的人。

就如同楼道里的灯坏了，等送快递或送外卖的小哥进了电梯后，再关上那扇背后有灯光的门。

第16篇

你是猎头顾问吗

【郭皓（David Guo）】

主编推荐

在过去的一年里，我谈得比较多的是猎头顾问的单产。按照目前我国猎头行业猎头顾问单产的平均状态，我在 2018 年年初写的《有产值才有未来》这篇文章中提到，50 万元的平均单产可能才是我国猎头行业比较健康的状态。老郭与我在"梅园论剑"的活动中也多次就猎头行业的现状表达过自己的观点，但我觉得这个问题没有标准答案。我谈得更多的是今天和现实，老郭谈得更多的是明天和理想。作为猎头行业的一名老将，郭皓眼里的猎头顾问究竟是什么样的呢？《你是猎头顾问吗》值得一读。

庄华跟我约稿很久了，我一直在想大家到底需要什么样的文章呢？

我在过去的一年中接触了大量的本土猎头公司和本土中低端猎头顾问，我想还是围绕什么是猎头顾问这个基本问题做一个简单的阐述吧。否则，许多年轻人有可能步入一条错误的职业道路。什么是猎头顾问？这是猎头服务产业的基本概念之一，如果这个概念没有弄清楚，本土猎头的服务水平和猎头从业者的水平将很难得到提升。

预付佣金模式为什么无法在中国推广

在过去的一段时间里，我收到了许多国内大学应届毕业生和海外留学回国就业人员的短信或邮件，询问我可否在海德思哲应聘一个猎头顾问的职位。在海德思哲，要想成为一名猎头顾问并没有那么容易。所谓顾问，顾名思义就是可以为客户提供有价值的咨询服务的人。

每次在与本土猎头顾问和本土猎头公司老板的接触中，我被问到最多的一个问题是："如何向五大猎头公司一样，采用预付佣金模式，使自己的服务更加有保障，更能体现出价值？"在目前中国的猎头市场上，除了所谓的全球五大高端猎头公司之外，几乎没有猎头公司采用预付佣金模式，即使有这样的案例，比例也不会超过 3%，这就是我国猎头市场的现实。造成这种现象的根本原因，并不是客户对于付费很苛刻，而是在中国能够真正被称为猎头顾问的人少之又少，企业自然不会为非知识型中介服务预支服务费。

其实，企业寻求猎头顾问的服务不是因为人才"难寻"就是因为人才"急需"。大部分企业即使在很难很急的情形下，还是不愿意预付佣金。究其原因并不是企业没能力或不可以支付预付费，而是本土的大部分猎头从业者连最基本的"准猎头顾问"都不是，充其量不过就是一名"研究员"，仅仅利用市场上的简历数据为客户初步筛选和比对候选人，其价值是满足了企业客户由于招聘专员人手不足时对临时招聘人员的需求。大部分本土的所谓低端猎头服务更像"白领劳力外包"或者"呼叫中心"，这样的服务当然难以让客户对服务的结果有信心，提前预付佣金，所以大部分企业采用以结果为导向的付费模式。

猎头顾问的具体设定

在筹备第一次"梅园论剑"时，我正好在美国度假，半夜被庄华发来的一条微信叫醒，他询问我什么是"准猎头顾问"？我依据多年的从业经验和中国猎头市场的实际情况，对"准猎头顾问"做了一个基本的条件设定，给从事猎头顾问的年轻人提供了一个职业指导方向和努力方向。我对"准猎头顾问"的条件设定如下所述：

（1）具备专业的行业／产业经验，至少有 5 年时间在某个领域不断打磨和沉淀；

（2）至少在一个有规模的企业担任过高级管理者，至少有 3 年以上的经理或总监级别经验；

（3）有良好的教育背景和明确、清晰、正确的"三观"（有时候大家说某个人"三观"不正，其实大部分人连"三观"是什么也说不出来，这是最可悲的）；

（4）可以用半天的时间不使用任何工具资料或 PPT，给一个外行讲明白其所处的行业现状；

（5）有非常明确的产业和行业观点以及相应的论据；

（6）拥有丰富的行业资源（若没有，可以慢慢积累）；

（7）个人作为独立猎头顾问的年单产值不少于 200 万元，并保持连续 3 年不低于这个数值；

（8）每个项目的平均产值不低于 15 万元。

如果你具备了上述 8 个条件，那么你可以在我国被称为猎头顾问。否则，你不过就是一个"白领销售"或"外包呼叫人员"。猎头顾问是一个需要不断学习的职业，是一个完全依靠自己能够从事一生的职业。如果你可以保持一颗学习进取的心，那么你就能变得更优秀且更有价值。

第 17 篇

和候选人一起成长——年轻猎头顾问养成记

【施海鹰（Sophia Shi）】

　　我经常对一些年轻的猎头顾问说，我们的职业就是跟一些比自己优秀的人打交道。在这个过程中，我们需要不断地学习，跟候选人一起成长，强关系往往是建立在和候选人有"共同语言"上的。一个优秀猎头顾问的终极目标无非是打造拥有强关系的社会资源并整合资源，为客户创造价值。所以，和候选人一起成长是年轻猎头顾问的必修课。

　　Sophia 是年轻一代中的优秀猎头顾问。一路走来，我们看着她从研究助教成长为 CGL 的合伙人。所以，我邀请她来谈谈她和候选人之间的成长故事，希望能给予这个行业的年轻人更多的鼓励。

时间，可能是大多数职场人的敌人，因为时代更迭太快。但时间，却是猎头顾问的朋友，尤其是年轻猎头顾问的朋友。年轻就是我们最大的资本，让我们有时间、有耐力与候选人和客户一同成长。

你好，我是猎头顾问

2008 年年初，我机缘巧合、误打误撞地进入猎头行业。第一次打陌生电话，我在纸上写下各种借口，在脑海中演练了无数次和前台的问答，终于鼓起勇气拨出第一通电话，用颤抖的声音竟然成功拿到了手机号，从此一发不可收。于是我拒绝了世界 500 强企业的聘书，坚定地选择了猎头行业。

期间我也遇到过各种挫折，在身边的小伙伴相继离开猎头行业时也犹豫徘徊过，但是很多候选人不断鼓励着我一路前行走到了 10 年后的今天。

我至今仍清清楚楚地记得第一个给予我巨大的勇气和认可的候选人，她对我的领导说："晚上看着电视接到了 Sophia 的电话，压根儿没想换工作，心不在焉地随意聊了聊，但她的耐心沟通启发我开始认真思考自己的职业规划，帮助我了解这个岗位的发展定位，所以我有兴趣考虑，也一定请你转达我对她的感谢！她非常敬业，非常专业！"那时我 22 岁，从事猎头行业几个月，这个夸赞我的候选人工作了 10 年。

我和候选人的故事

"跟候选人乃至客户一起成长"在猎头行业里真的不是一句空话！先来说几个小故事。

当年，我的一通陌生电话打给了一个公关公司的小业务员，电话里我们应该都能感受到彼此的稚嫩，虽然他不是我当时要"猎"的对象，我依然跟他做了详细的沟通，了解了他未来的职业规划，并给出了我稚嫩的建议。多年之后，他成长为理想的狩猎对象，但我却一直没有合适的职位可以为其推荐，但这不妨碍我们对彼此的欣赏：他给我介绍了曾经服务过的企业，这家企业最终成了我的客户；他还给我介绍了他以前的同事，这位同事最后成了我的候选人。

某次，我去见一位联系过多次却从未见过面的候选人，我说你可能对我没有印象，但我们其实通过很多次电话。他说我 6 年前就知道有你这样一位猎头顾问并牢牢地记住了你！我好奇怎么会？他说因为你成功地让我当时的女朋友"跳槽"了，她去了新公司之后我们分手了！我一脸不好意思地看着他，他笑着说，但是你给她介绍的工作真的很适合她，她非常喜欢，收获了很大的成就感。

某次，我去拜访一个客户企业，我曾服务了他们两年。第一个项目历时整整一年，工作地点从上海换到北京，又回到上海，候选人经历十多轮国内外面试拿到聘书后，却被原公司留下。我只能重新找寻候选人，到最后阶段又换回原来的这位候选人再谈，期间很多次我都想要放弃，但是在这个项目成功完成后，我很快又完成了几个年薪 150 万～ 250 万元的大单。有一次，人力资源顾问带我参观新的办公楼，走过每一层都能遇到一个被我成功推荐的候选人，客户开玩笑说哪里都有你招的人呀，当时我的心里是满满的成就感！其中有一个候选人虽然多年前拒绝了我为其提供的聘书，但从 2011 年到现在，他一个上海人跑去中国香港地区，又跑到新加坡，最后被我从欧洲"猎'回上海，他也从当年的单身男青年变成两个孩子的父亲。

我怀孕的时候，接了一个民营企业的项目，客户是一对父子，从外地来公司与我们见面，爸爸一句英文都不会，但非常坚定地跟我说，我们要"走出国门"，我们要在美国开分公司，我要招一个美国的总经理。我说没有问题，我们可以帮您找一个会讲中文，同时又对美国市场非常熟悉的华侨。他摇摇头说，不，我不需要候选人会讲中文，我要的就是一个地地道道的美国人。这个项目前期进展得非常顺利，客户从第一批的 3 个候选人中选中一个并让他飞来中国面试，我的同事全程陪同候选人去了中国的一个三线城市面试，并且一锤定音，客户当场就决定录用候选人。因为项目的特殊性，出于对候选人的保护，我们要求客户直接出具正式的劳动合同给候选人。这个时候问题来了，客户在美国没有注册过公司，根本无法雇用候选人。从那个时候我开始找律师咨询办理各种手续，我生娃前还在通过邮件安抚候选人，一直到我的宝贝一岁多了，客户在美国的公司才终于注册好了，而我们的候选人也一直等着，期间甚至拒绝了其他外企的机会。我开玩笑说，这个项目的推进比十月怀胎还艰辛，但是在这之后，我时不时地收到候选人从美国发来的邮件，办公室租好了，仓库建立了，招聘了第一个下属，赢得了第一笔生意，看着这个中国客户在美国的分公司从无到有地建立起来，我无比自豪！

有一个候选人，10 年前我第一次为她提供服务却没有成功。后来我数次找到她，她还是不感兴趣，但她把朋友介绍给了我，最后成为我服务过两次的成功候选人。她看着我从一个调研员变成猎头顾问，我也看着她从公关经理变为领导力极强的总监。我休完产假回公司，她特意赶来看我，和我聊她的职场困惑并问我的建议，一个比我大 10 岁、比我资深太多却如此信任我的候选人，让我感动不已！她手上拿了两份聘书，却愿意给我打个电话，听听我的分析后再做选择。她说，接触过的猎头顾问不少，但我就想把自己托付给你，于是有了我们第二次的成功推荐。

"五大"的猎头顾问通常都在 40 岁以上（有丰富的人生体验），有知名企业高层管理职位的经历（能够真正懂得客户的需求），有跨文化的工作或生活经历，英文流利（适应全球化的需求），名校毕业并有丰富的商业知识。这样的背景当然好，但普通年轻人也一样可以成长为优秀的猎头顾问。

我个人认为，猎头工作需要年轻的身心。优秀猎头顾问需要具备敏锐的嗅觉、灵活的大脑、强健的身体、完善的心理素质，以承受强压下的工作，迅速、隐蔽地"猎取"最优秀的人才。年轻就是资本，年轻的猎头精英精力充沛，思维灵活，事业心强，具备成为优秀猎头顾问的基本素质。

猎头顾问的核心竞争力是与客户和候选人建立长期的信任关系，除了招聘技巧之外，更重要的是塑造与客户和候选人的平等对话，保持帮助客户和候选人的初心。

☀ | 年轻的猎头顾问应该怎么走

作为年轻的猎头顾问，我们面对的往往是比我们年长、比我们更懂专业领域、比我们有更高的社会地位和收入的客户和候选人。但如果我们能做到以下6点，一样可以赢得资深候选人的认可和客户的信任。

第一，有良好的心态。不卑不亢面对所有的候选人和客户，踏踏实实，一步步往前走而不是一味地追求捷径。

第二，要真诚。虽然大家都会说猎头顾问需要极高的沟通技巧和情商，这话不假，但我始终觉得真诚比任何技巧都管用。沟通技巧可以通过刻意练习得到提升，真诚待人才能真正赢得人心。

第三，有好奇心。每一次面对新的领域，只有以最快的速度去学习，保持旺盛的好奇心，才能拥有强大的竞争力。除了积累行业知识，分析一个成功的项目为何会成功，在失败的项目中客户最终雇用了什么样的候选人，和我自己推荐的有何差异，好奇心会引导你不断复盘，经验就是这样日积月累攒起来的。在这个提倡跨界的时代，保持一颗好奇心，乐于学习新鲜事物才能跟上市场日新月异的变化。

第四，有内驱力。要有对成功的渴望，以结果为导向。当内驱力迫使自己足够努力时，身边也会聚集一群令人愉快和振奋的朋友。客户和候选人都会推着、拉着让我们跑起来，只要能跟上，在短短几年里就会比很多同龄人跑得快了。

第五，有韧性。猎头是份有压力的工作，客户可能在任何时间打来电话催促，需要大量的重复动作和细致劳动，是个脑力与体力并重的活儿。和销售类似，业绩是评判标准中的硬指标，需要每年清零，经常要面对从零开始的局面。在别人都放弃的时候咬咬牙坚持住就成单了；在被候选人拒绝的时候努力从各个方面分析击破，再尝试一把也许就说动对方了；在聘书被拒的时候重新出发，积极寻求替代人选，很快就又会迎来胜利。

第六，耐得住寂寞。要想成为一个优秀的猎头顾问，就必须耐得住寂寞。

做猎头顾问会面对来自客户、同行和候选人的各种诱惑，不忘初心方得始终。

随着人才市场的年轻化、招聘市场的社交化，学习能力强、对新鲜事物反应迅速的年轻猎头顾问在快速、精准的招聘行业显得更加得心应手。

和候选人一起成长，见证彼此的变化，沉淀出经验、技能和社交圈。深耕细作才有丰收，这个行业最突出的一个特点是付出多少，就会收获多少。年轻的猎头顾问们，加油！

第18篇

"猎"出你的精彩

【张晓东（Peter Zhang）】

👤 主编推荐

　　我对 Peter 有不一样的认识，是源于 2018 年受邀和 Peter 参加湖南卫视的一档热播节目《天天向上》。Peter 的专业性不用多说，我认为他的认真和真诚可能是他在这个行业里业绩和口碑出色的重要因素吧。Peter 早年从医，他身上所体现的一丝不苟和执着源于医生严谨的工作作风，这与做猎头顾问其实是吻合的。Peter 是罗盛咨询的执行董事，但每次跟他聊天，谈及有没有一些经验可以分享给现在的年轻猎头顾问时，他总是会回归"猎头顾问的本质"，务实地从打陌生电话、面试这些基本的技能聊起。所以，是时候邀请 Peter 在《大猎论道》这个面向年轻猎头顾问的专栏中给大家带来一篇务实的成果分享了。

有一句话你一定听说过：这是最好的时代，也是最坏的时代。

当今的中国在创新发展的驱动下，各种传统和崭新的机会层出不穷，猎头行业同样是机遇与挑战并存。我们现在处于一个机会多而人才短缺的环境中，因人才短缺所导致的对高端人才的竞争越来越激烈。

作为企业与优秀人才之间的桥梁，为客户搜寻到合适的人才，实现双方的共赢才是咨询顾问的价值所在。而高价值的猎头顾问则能够在非常有限的时间内准确地推荐合适的候选人。对于如何提升自己的价值，在此我也想分享一下自己多年来作为候选人被"猎"以及作为猎头顾问"猎"别人的一些体会。

💡 | 猎头顾问的必修课——坚持打陌生电话

对于咨询顾问来说，沟通是必备的技能，而打陌生电话则是入门的基础课。随着大数据的飞速发展，有些顾问更加依赖招聘网站或职业社交平台。但不可否认的是，与候选人直接沟通，依然是更全面地了解对方的最优方式。一个有经验的资深猎头顾问已经具备了一定的社交资源，积累了丰富的专业经验，打陌生电话对于他们来说是家常便饭。但是很多刚入行的年轻猎头顾问资源不够广，在打陌生电话时，会有很大的心理压力。其实，很多时候，顾问会感到紧张的主要原因是不知道对方会有怎样的回应。

我看到过一个很有意思的比喻："打陌生电话就像追女朋友，要胆大、心细、脸皮厚。"与从未谋面的候选人，尤其是高端人才建立联系并赢取他们的信任，需要在简短的沟通过程中，清楚地将客户的需求传达给对方，同时了解候选人的心理状态和期望。对此，没有捷径，唯有多练、多打、多总结，打上几百个陌生电话后自然就知道该如何应对不同的情况了。

我们在向候选人提供我们认为更合适的、更具有挑战性的职业机会，并且相信这个机会在方方面面都会给候选人的发展带来益处，是有价值的。所以我们要做到与候选人同频，做好前期的信息收集整理，换位思考，设身处地地站在候选人的角度预判其可能提出的问题，不断地转换角色，在进行实操时随时根据对方的反应在有限的时间内将信息清晰、准确地传递出去。

猎头顾问的必修课——面试候选人

在初次沟通并确定意向后，一定要通过面试来进一步了解候选人。候选人的信息是否属实？是否靠谱？是否与客户需求相匹配？这些都离不开深入的沟通。而深入沟通的最有效的方式是面对面交流（即使条件不允许，也要通过微信、FaceTime 进行视频）。在面对面交流的过程中，更容易挖掘到一个人的细节，包括对方的反应速度、言谈举止、穿着打扮，甚至是微小的动作和表情，那些无法掩饰的细节往往更能映射一个人的真实的内心（很多客户与最终候选人常常会安排午餐面试，就是通过看似正式的场合来侧面观察候选人）。同时，在面对面交流的过程中，彼此之间也更容易建立起信任，坦诚地讨论业绩、薪酬、期望等。这些通过与候选人直接接触拿到的第一手信息，可以帮助你建立起更加清晰、精确、具体的个人判断，给出专业的评估报告，为客户提供更有针对性的建议。

要注意的是，在面试的过程中要尽可能地控制好时间，不失礼貌地把候选人从发散的思维中拉回来，关注重点，深挖对方的闪光点。如果发现候选人不合适，要善于及时终止聊天，避免浪费彼此的时间。

猎头顾问的必修课——深耕于专业领域

没有人会放心把自己的职业生涯交给一个不专业的猎头顾问。猎头顾问不仅要知识面广，更要深耕于专业领域。

对行业和职位的深入认识永远是猎头顾问的利器。所谓术业有专攻，就是要专注于某个行业，深入了解行业的前世今生和未来前景。一个能够分析出新的政策、法规对于行业、公司和人才的影响，并表现出足够强的判断力和权威性的猎头顾问，企业怎会不主动找他做项目？猎头顾问只有不断地学习，才能与候选人在同一个高度对话，给予候选人关于公司、职位的洞见，帮助他们更好地做出职业规划和判断，建立起自己的良好口碑，使自己与那些仅仅只会复述职位描述的"复读机猎头顾问"拉开一个"太平洋"的距离。

💡 | 猎头顾问的必修课——管理你的日程表

我有一个保持了 20 多年的工作习惯，就是随时随地添加、更新工作日志，避免浪费脑细胞来记忆，正如俗话所说的"好记性不如烂笔头"。我每天上班后要做的第一件事就是浏览和更新当天的工作日程表并打印出来，用彩色记号笔按重要性排序，然后逼迫自己先做紧急且重要的事情。如果今天没有完成某项任务，就直接移到明天或截止日期那天，并且做完一项划掉一项，给自己一种小小的成就感和满足感。我们人人都需要被鼓励，包括被自己鼓励。这个习惯让我们的工作和生活有条不紊、忙而不乱。

💡 | 归根结底

掌握技巧是锦上添花的事情。成就精彩的猎头人生还是要靠实打实的知识积淀和经验积累，真正做到和客户、候选人说同一种语言，帮助客户和候选人实现双赢，并且能在每一个项目中自我学习、自我提升，在成就别人的同时成就自我。唯有这样，你才算得上是真正高价值的猎头顾问。

第19篇

我的"佛系"猎头顾问 800 天

【陆芬（Mandy Lu）】

主编推荐

　　在 2019 年 3 月初 CGL 的管理会议上，我邀请了前麦肯锡的咨询顾问"RO 姐"来给我们做分享，当时我们探讨了一个话题"选人重要，还是育人重要"。这个话题和 Mandy 提到的"佛系"和"魔性"的概念类似。早年间，我觉得选人相对没有那么重要，相信凭借着团队强大的培训体系和作战能力，总能把人教出来。但这两年我发现，"时间不等人"加上"年轻人不等时间"，年轻人本身对于成长的期待要求更高，那么选人就变得重要了，不是要选最优秀的，而是要选最合适的。只有在相互匹配的前提下，再加上赋能，才能使双方发挥最大的能量。我们来看看 Mandy 是怎样开始这一场"佛系"和"魔性"猎头顾问之战的。

🔦 | 我是一个猎头"老兵"

两年前，我跟我的合伙人打了一个赌：

用同样的人力戎本，按照两种完全不同的猎头工作模式工作 800 天，以最终结果定输赢。赢的人拿走 800 天内 60% 的利润，输的人只拿 20%。

公平起见，我们并没有选择在各自最擅长的领域内继续开拓，而是直接从零开始搭建团队，去打造一个互联网领域的精品猎头团队。

赌约开始之前，我和我的合伙人 Jacob 曾有过激烈的争论。

他认为，通过大量扩招，快速优胜劣汰，在业务的推进中留下真正适合做猎头顾问、真正能产出结果的高潜团队，这是被市场证明的有效方式，也是最快的盈利方式。

而我则认为谨慎招人，严格选择最优秀的人员进入团队，用最大的诚意培训、培养这个团队中的每一个人，让每一个人都有自己深耕的一亩三分地，带着高度的安全感和业务聚焦持续地产生优秀业绩才是一个猎头公司合理的运营方式。

我们之间的分歧如下所述。

他认为，招到对这个行业和职业有高认同、高付出能力且胜任力符合标准的人实在太难，费心培养也不一定会有稳定的留存，还不如进行规模粗放经营，这样不仅降低了管理难度，还能营造丛林法则"适者生存"的良性竞争机制。

而我则认为，这个市场上始终存在优秀的人才，我们只有真正用心地在筛选成员、培养成员可持续发展这件事情上下功夫，让我们的团队成员、客户、候选人得到体验的提升，才有可能产生健康的可持续的规模效应，从而真正解放猎头从业者和猎头公司运营者。否则，大家就是在互相消耗，整个行业生态将进入恶性循环。

我们最终谁也没有说服谁，于是开始了为期 800 天的测试。

🔦 | "佛系"猎头顾问养成记

最初 3 个月，戋用了大量的时间来做团队人员的招募和筛选，从现有猎头市场的猎头顾问、人力资源顾问、大客户电话销售 3 个群体中挑选，严格控制人选素质。经过 3 个月的严格筛选，6 名成员进入"佛系"猎头团队，开始了长达 6 个月的培养期，末位淘汰。6 个月后，第二批的 6 名成员进入团队，由第一批成员带教，末位淘汰。

培养流程见表 1。

表 1　培养流程

时间节点		培训内容	培训目标	主要解决的问题	过程中的要点	状态
第一个月	第一周	1. 介绍、拆解猎头工作流程，分析目前市场上大部分猎头顾问的工作习惯，教授各个流程中可以采用的电话沟通技巧 2. 教授各个在线招聘渠道的使用技巧、搜索技巧，设计不同的业务场景，练习并掌握在招聘渠道快速搜索、快速发布、快速吸引候选人的技巧 3. 教授电话沟通整体流程及常用的沟通技巧，模拟第一通电话沟通的各种场景，启发新人形成自己的电话沟通技巧和沟通风格 4. 教授新人所在业务线的整体客户状态、业务现状、优质候选人的分布情况 5. 每天测验新人的学习结果，形成排名奖惩，营造良性竞争氛围	了解猎头行业，了解工作流程	启发兴趣	了解新人的个性，观察吸收速度	夯实基础，掌握要领，形成知识结构
	第2周	1. 教授新人寻找各种通讯录的渠道和方式，由新人对指定目标公司进行行业业务模型、业务关键信息的整理，形成与候选人沟通时各种业务场景对应的知识库 2. 收集各大目标公司各类渠道中的关键人物的简历、联系方式、组织构架，形成垂直知识库 3. 每天分配 5 ~ 10 个候选人电话，让新人尝试打陌生电话 4. 每天测试新人对知识的记忆吸收程度	破冰，掌握基础知识和基本的工作方法	知识积累	发现新人的优缺点	

续表

时间节点		培训内容	培训目标	主要解决的问题	过程中的要点	状态
第 1 个月	第 3 周	1. 教授寻找各种通讯录的渠道和方式，由新人对指定目标公司进行业务模型、业务关键信息的整理，形成与候选人沟通时各种业务场景对应的知识库 2. 收集各大目标公司各类渠道中的关键人物的简历、联系方式、组织构架，形成垂直知识库 3. 每天分配 10～20 个候选人电话，让新人尝试打陌生电话 4. 每天测试新人对知识的记忆吸收程度	进一步实践，增加知识积累	知识积累	针对新人的优缺点分配不同的业务	夯实基础，掌握要领，形成知识结构
	第 4 周	1. 大量电话训练，每天打 50 个以上电话，大量呼出，发现问题，解决问题，提供解决方案，优化解决路径，形成新人个人的完整沟通模式 2. 分配 1～2 个岗位方向进行深度寻访，熟悉寻访流程，打开沟通电路，突破沟通局限 3. 每天为新人复盘问题和提供解决思路，测试新人通过现有知识储备解决问题的能力，调整每个人的沟通方式、工作流程	在实践中发现问题、难点，突破思维局限，拆解障碍	启发思维	磨炼新人的抗挫折能力，培养新人解决问题的思路	
第 2 个月	第 1 周	1. 大量电话训练，每天打 50 个以上的电话，大量呼出，发现问题，解决问题，提供解决方案，优化解决路径，形成新人个人的完整沟通模式 2. 继续在固定访寻方向进行深度寻访，熟悉寻访流程，打开沟通思路，突破沟通局限 3. 每天为新人复盘问题和提供解决思路，测试新人通过现有知识储备解决问题的能力，调整每个人的沟通方式、工作流程	在实践中发现问题、难点，突破思维局限，拆解障碍	启发思维	优化时间管理	

续表

时间节点		培训内容	培训目标	主要解决的问题	过程中的要点	状态
第2个月	第2周	1. 讲解客户用人标准，分配每个新人的专注领域，剖析新人所在领域的候选人特质、简历筛选标准、评判标准 2. 教授电话沟通中测量候选人素质的各种专业人力资源工具的使用方式 3. 一对一电话模拟，资深顾问旁听电话沟通	学习人力资源顾问的测评工具	人力资源顾问的专业能力	培养对优质候选人的嗅觉、敏感度、识别能力	夯实基础，掌握要领，形成知识结构
	第3周	1. 分配每个新人的专注领域，剖析新人所在领域的候选人特质、简历筛选标准、评判标准 2. 教授电话沟通中测量候选人素质的各种专业人力资源工具的使用方式 3. 一对一电话模拟，资深顾问旁听电话沟通	学习人力资源顾问的测评工具	人力资源顾问的专业能力	培养对优质候选人的嗅觉、敏感度、识别能力	
	第4周	1. 打大量的深度沟通电话，练习深度沟通流程及技巧 2. 制作近期深度访寻职位人才地图PPT，进行团队内演讲，其他人旁听纠错、提问 3. 旁听资深顾问与候选人在公司内的面试 4. 候选人推荐报告制作方法、技巧	学习实践深度沟通	人力资源顾问的专业能力	培养对优质候选人的影响能力	
第3个月		1. 讲解电话数量与电话质量的平衡 2. 讲解时间管理 3. 拆解常见的顽固性障碍突破方式和实践 4. 建设个人高互动候选人的数据库，培养目标公司的观察分析人员 5. 帮助新人产出推荐数量和面试数量	进一步加强深度沟通能力	对目标公司的快速渗透能力	帮助新人产出	
第4个月		1. 复盘每个人的搜索渠道、搜索方法、沟通流程、沟通要点、行业知识、行业候选人资源的积累，进行测评，发现问题并解决问题 2. 团队成员定期分享 3. 帮助新人产出推荐数量和面试数量，分析低面试率的原因，解决问题	开始产出	流程管理能力	帮助新人产出	

续表

时间节点	培训内容	培训目标	主要解决的问题	过程中的要点	状态
第5个月	1. 每周复盘每个人手里的高质量候选人，集中火力跟进部分重点候选人 2. 团队成员定期分享，分析低录取率的原因，解决问题	提升产出	流程管理能力	帮助新人产出	夯实基础，掌握要领，形成知识结构
第6个月	1. 每周复盘每个人手里的高质量候选人，集中火力跟进部分重点候选人 2. 团队成员定期分享，分析低录取率的原因，解决问题	提升产出	对客户、候选人的影响能力	帮助新人产出	
第7～12个月	1. 解剖客户需求、增加更多的业务方向和访寻方向 2. 调整顾问的客户配置结构	冲刺业绩指标	对客户、候选人的影响能力	稳定产出	内化各种知识，找到成就感
第12～24个月	1. 教授新人如何进行行业研究，发现新客户 2. 拆解新客户开发、谈判与维护 3. 分析如何建设更优质的高质量、高互动候选人数据库，提高个人产能 4. 教授带领团队的基础管理方法、技巧 5. 观察、测评团队领导带团队过程中的各种问题，解决问题	稳定产出，开始带人	团队管理能力	筛选管理素质高的顾问	"羽翼渐丰"
第24～36个月	1. 帮助顾问形成个人品牌 2. 帮助顾问稳定团队	打造品牌，稳定团队	团队管理能力	稳定团队产出	
第36～48个月	1. 帮助顾问形成个人品牌 2. 帮助顾问提升团队业绩	形成品牌，稳定团队	品牌运营能力	提升团队产出	"迎风飞翔"

在整个培训的过程中，在不同的时间节点输入不同的专业知识，并不断测评复盘，鼓励新人主动分享、主动思考，把所有的流程拆解成若干个动作，就

像在军营里学习如何打仗的新兵一样，不断地通过学习、记忆、练习、复盘的循环形成知识结构，让整个操作流程在新人身体中形成记忆。经过这样的反复训练之后，新人才能够在比他们优秀的候选人群体中拥有与他们平等对话的心态和能力，此后的自由发挥、熟能生巧才不会是无米之炊。

🔆 | "魔性"猎头顾问养成记

第一，配置 3 个内部人力资源顾问专门做团队招募，只要符合基本用人标准都放进团队，3 个月内未完成指定目标立即被淘汰。

第二，新人完成 3 天的基础培训后，就开始通过各个渠道的数据库打大量的电话，每天必须打出 50 个以上的电话。

第三，边做单边培训，没有完整的培训机制，新人一有疑问就立即解决，严格控制每人、每天、每周、每月的关键绩效指标完成度，超额完成有高额激励，反之则有惩罚。

🔆 | 总结

两个团队在 3 个月内产生了巨大的分化，3 个月内我忙于招聘选人，自己做业务。而 Jacob 的团队已经可以大量产出推荐，并收获部分聘书。这样的差距在第 180 天时出现了明显的差距，"佛系"团队的整体业绩被"魔性"团队甩出一大截。3 个月后"佛系"团队和"魔性"团队优缺点的显现见表 2。

表 2　3 个月后"佛系"团队和"魔性"团队优缺点的显现

属性	优点	缺点
"佛系"团队	1. 能听到候选人说什么 2. 能听懂候选人说什么 3. 部分猎头顾问能听出候选人有什么没说的 4. 部分猎头顾问能提出候选人未考虑周全的内容并给予新的思考方向 5. 心态积极，工作积极性高，乐于分享	1. 电话量普遍不高 2. 少数人陷入与候选人闲聊的陷阱 3. 思路混乱，知识结构混沌 4. 能找到人，但是影响力低 5. 经常被候选人的假消息迷惑

续表

属性	优点	缺点
"魔性"团队	1. 电话量高出 30% 以上 2. 推荐数量高出 30% 以上 3. 面试数量高出 30% 以上 4. 聘书的数量高出 50% 以上	1. 人选流动率高出 50% 2. 内部合作较少 3. 高产猎头顾问流失

　　在这样的业绩表现之下，我已经开始检查团队内的每个人无法在短期内提升业绩的原因。相比 Jacob 团队，我们的成员在知识容量、沟通深度、沟通广度上都大大超越了"魔性"团队的成员，但是损失了时间和推荐效率上的先机。于是，我们开始放弃一部分互动性不高的客户，集中力量为高度合作的客户服务。

300天后

　　300 天后"佛系"团队和"魔性"团队优缺点的显现见表 3。

表 3　300 天后"佛系"团队和"魔性"团队优缺点的显现

属性	优点	缺点
"佛系"团队	1. 团队稳定性高，成员合作意识强 2. 寻访深度和寻访宽度开始反超 3. 录取率开始反超 4. 吸引行业内的优秀猎头顾问主动加入	1. 录取数量、回款数量比另一个团队低 30% 2. 对于大量整理文书、制作 PPT 的工作量，部分猎头顾问有逆反心理
"魔性"团队	1. 团队成员内部广泛竞争，形成"鲶鱼效应" 2. 高业绩成员的个人成长速度快、开始出现强者恒强的局面	1. 有效电话、推荐数、面试数、录取数时高时低，无法稳定，客户体验好评时高时低 2. 招聘时很难吸引优秀猎头顾问入场，主要靠不断招聘没有经验的人进入团队重新洗牌 3. 精选候选人数据库无法持续稳定拓宽 4. 很难形成垂直领域的深度人才地图 5. 高端职位推荐速度慢

600天后

　　600 天后"佛系"团队和"魔性"团队优缺点的显现见表 4。

表 4　600 天后"佛系"团队和"魔性"团队优缺点的显现

属性	优点	缺点
"佛系"团队	1. 猎头顾问单产大幅提高，团队产出整体反超另一个团队 15% 2. 推荐数量、面试数量、录取数量和比例开始大幅提升并趋于稳定 3. 客户的合作深度与广度进一步拓展	1. 绝大部分猎头顾问不愿意带人，只想独立地精耕细作 2. 陷入对候选人需求和对客户需求无法平衡的价值观纠结中
"魔性"团队	1. 两级分化现象愈加明显，快速淘汰 2. 顾问带新人在同等激励条件下更加积极主动	1. 团队稳定性差，很难形成合力 2. 高产猎头顾问流失 3. 客户的服务深度与广度波动明显

第800天

我的"佛系"团队展现出了全线数据超越 Jacob 团队的颠覆性优势，团队的整体业绩超出团队业绩总额的 75%。最重要的是，团队成员的状态和健康度是 Jacob 团队无法抗衡的。

这个结果赤裸裸地证明了提供沉浸式的学习环境、通过反复训练复盘降低每个业务的流程难度，给每个顾问充足的时间去理解、吸收、内化的时间的重要性。虽然这个过程很"佛系"、很费钱、很煎熬，需要极大的耐心等待开花结果，但其在最终的收益总额中却展现了惊人的威力。

回过头来看

无论是客户的招聘，还是候选人的求职，都关乎一个人的职业生涯乃至命运。

之所以倡导"佛系"猎头，是因为我们已经能看到越来越多的精品猎头公司加入了精细化运营的队列，并且在垂直领域内展现了"独霸一隅"的态势。他们注重新人培养，提供良好的学习环境、工作环境，给予物质和精神的双重支持，让顾问在这个沉浸式的环境中感受到安全、乐趣、成就并分享互助，这样的顾问才能够给予候选人、客户更优质的服务体验，形成公司的核心竞争力，进而正向地促进公司的业务发展。

　　而那些还在依靠简单粗暴的管理流程，制定各种花式制度克扣猎头顾问的企业，日子只会越来越难过。竭泽而渔的危害人人都懂，可是在利益面前，很多人还是选择赌自己的运气。

　　居高不下的运营成本、越来越苛刻的合作协议、越来越难管理的新生代顾问都在步步紧逼运营者打开思路，促使我们放大格局、重新思考。

第**20**篇

▼
▼

论一个猎头顾问的自我赋能

【蒋倩（Jenny Jiang）】

👤 主编推荐

　　"赋能"通常指的是赋予他人能量。作者 Jenny 提出，在赋能他人之前应该先自我赋能。我非常赞同这个观点，从某种意义上说，自我赋能本身就应该在赋能他人之前。自己没有足够的"能"，用什么来赋予他人？组织也是同样的道理。让我们来看看 Jenny 是怎样谈猎头顾问的自我赋能的。

🔆 | 前言

阿里巴巴执行副总裁曾鸣教授在为《重新定义公司》撰写的序中提到:"未来组织最重要的职能是赋能,而不再是管理或激励。"这个词由此进入国内大众的视野。一时间,"要打造赋能型组织""要培养赋能型人才"的说法开始流行。那么,到底什么是赋能? 它的专业解释很长,即"企业由上而下地释放权力,尤其是员工们自主工作的权力,通过企业组织扁平化,最大限度地发挥个人的才智和潜能"。

我觉得赋能就是赋予能量,让能级跃迁,从而成为更强大的组织和个人。就像在武侠世界里,练武之人必须修炼内功。内功越深厚,真气越纯净,自身的能量就会越大,就越可能成为武林高手、门派宗师。毕竟招式是术,内功是道。在关键时刻,内功还能运功疗伤、救人救己。

这么说来,似乎我们每个人都应该拥有这样的能力。只有猎头顾问自己能够自我赋能、升级进化,才可能赋能他的团队、客户、候选人,才可能在关键的时刻传输内力真气,渡己渡人。那么,猎头顾问该如何进行自我赋能,修炼升级内功呢?

🔆 | 内功心法: 自我超越、自我负责、自我接纳

我在古典老师的文章里看到了如图 1 所示的自我塑造示意,我非常认同,于是拿来与大家分享。

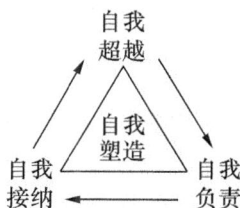

图 1　自我塑造示意

人的一生就是一个自我认识的过程,之所以要认识人的一辈子,是因为

我们一直在被塑造。其中，有我们自己的塑造，也有我们被他人和被环境的塑造。当然，本文希望大家有意识地去进行自我塑造。自我塑造的过程其实就是自我赋能的过程。

第一步，要做到自我超越

自我超越很难啊。总有很多事情是我们认为自己不擅长的，而且往往我们还真不擅长；很多事情是我们不喜欢、不情愿做的，而且我们往往还真的不会去做。至少，我们会觉得不去做也不会有什么大的损失。或者说，这个损失我们还负担得起。这个时候，别人和你说这样是不行的，你得勇于尝试，你得克服自己的心魔去挑战自己、超越自己，你肯定是不服气的。

例如，打陌生电话这件小事。不打电话就活不了吗？没有吧？不打电话，你能拿我怎样？不能吧？所以，我不想打电话就不打。除了一些限制性信念外（例如，你认为这么做是不对的），其实更多的是我们不想超越自己，不想经历煎熬的过程，不想让自己活得更累。毕竟，超越是痛苦的，往往伴随它的就是失败，而且可能还不止一次。有时候我会想，如果当年的我不是"一根筋"地抱着必须做的心态，而是和很多人一样选择退场，今天的我会在干这行吗？或许也还凑合，但恐怕就不会有这段精彩的经历了。精彩是因为背后有蜕变。胆大、心细的特点是从打陌生电话开始被塑造的。这对我之后的思想行为模式形成极为深远的影响。虽然至今我还不如一些人天生就胆大、心细，但至少我超越了自己。

如果你没有让自己不舒服过，没有逼自己去做一些新的尝试，那么你可能不会受伤，但也因此不会蜕变，你的能量也不会有质的变化。

自我超越的路上不会都是对的尝试，但即便如此，也要去做做看。

第二步，要做到自我负责

自我负责是大家更熟悉的概念。对结果负责，对客户负责，对候选人负责，对团队负责，对老板负责。我们的一生要对很多人负责，那什么是自我负责呢？

当你遇到了一个比较极端的客户，例如，半夜打不停地给你打电话；上午给职位，下午要人；提供了十多个人，还是没挑中一个；总是对你进行人身攻击……那么，我们能怎么做？

（1）选择一：你很牛，你能改变这个客户，你有很强大的影响力。

（2）选择二：虽然你改变不了这个客户，但是你有能力选择不合作。

（3）选择三：你既没有能力改变这个客户，也没有能力说不与其合作，那么就努力让自己成为能做选择一或选择二的人。

（4）选择四：如果选择三也做不到，那么至少要做到心态积极乐观一点，不要让自己陷入悲观消极情绪中而无法自拔，即努力接受这样的事实，没必要被其破坏了身心免疫系统。

以上 4 个选择中总有一个是你可以做到的，而且都是自我负责的表现，都比你选择留在原地诉苦抱怨、发泄不良情绪要好。

第三步，要做到自我接纳

自我接纳是比较陌生的概念。因为自我接纳的境界最高。武林高手不是随便就能修炼成的，自我接纳也不是轻易就能做到的。我们往往要花费些时间才能认清自己是一个普通人。认清自己的不完美还不算难，最难的是认清之后还要学会去接受。毕竟，我们一直被强调要去挑战自己、超越自己，扩大自己的边界，让自己变得更强大，这些都没错。但是，这些不意味着你能接受所有的挑战，实现所有你所期望的超越，将边界扩大到无穷大。你需要做的是，放下不切实际的预期，接纳看似弱小的自己。

例如，虽然努力了，但是还是没有进入大平台，职位级别还是不高，业绩还是没有达到既定的目标……

或许这些是暂时的，又或许这些对你来说是极难突破的，那么万般努力和尝试后，要学会自我接纳。或许只是方法用错了呢？或许只是太过心急了呢？

不管我们从什么年纪开始做猎头顾问，不管我们做得怎么样，只要我们努力超越自己了，努力对自己负责了，我们就应该接纳这样的自己。或许我们并非出类拔萃，但只要我们更上一层楼，这就够了。

如果没有努力改变过，那么自我接纳就只是不负责任的自我原谅。原谅自己没有把自己塑造得更好。请务必区分努力过和没努力过。而自我接纳会引发新一轮的自我超越，所以接纳自己很重要。你见过对自己不喜欢、不接受的人还愿意去塑造自己的吗？

💡 | 修炼步骤：先做到自我超越

我个人的体会是在做到自我超越后，再进一步地自我负责和自我接纳就不是那么困难了。所以，今天就先谈谈如何自我超越。给大家介绍一下生涯转化理论，俗称"4S 理论"，如图 2 所示。其实，这个方法我们平时也在用，只是未必知道这种说法，也未必有意识地用到自我超越这件事情上。这种方法同样适用于给候选人做分析。

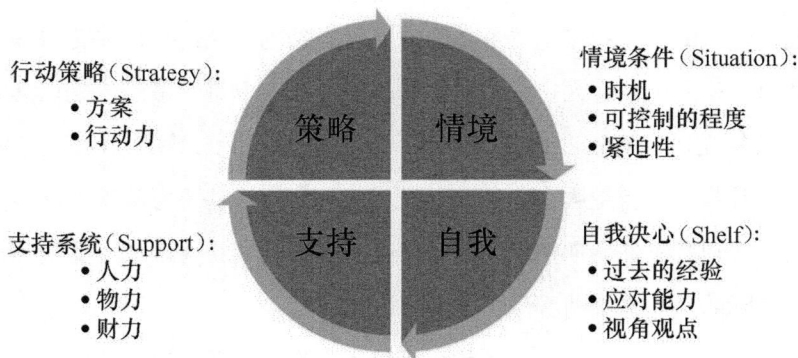

行动策略（Strategy）：
- 方案
- 行动力

情境条件（Situation）：
- 时机
- 可控制的程度
- 紧迫性

支持系统（Support）：
- 人力
- 物力
- 财力

自我决心（Shelf）：
- 过去的经验
- 应对能力
- 视角观点

策略　情境
支持　自我

图 2　4S 理论

第一个 S：情境条件（Situation）

定义一下目前需要自我超越（突破、改变、调整）的具体需求是什么。评估一下综合情况，包括时机是否合适、大约需要多少时间去操作、自己去操作的能力储备情况如何等。

第二个 S：自我决心（Shelf）

自我决心即自己想要超越的决心有多大，需要评估一下自己内在的优势是什么，驱动力是什么，经验如何。有没有可以借鉴的类似经验、相关的技能储备等。

第三个 S：支持系统（Support）

评估一下内外部的支持系统，包括自我价值观的支持、自我决心的支持，也包括自己的人际资源（老板、团队、家人等）支持情况、自己的财物支持情况以及机构的支持情况（例如，可以去寻求专业咨询服务的渠道）。

第四个 S：行动策略（Strategy）

基于前面 3 个 "S" 的分析，做出自我超越所需要的决定、策略、可实施的方案。

例如，候选人想要 "跳槽" 选择新的机会，但又恐惧改变所带来的风险。这种恐惧本质上也是需要自我克服的 "心魔"，是需要自我超越的事。你完全可以帮其分析一下。

（1）情境条件：从经济形势、行业前景、个人经历、机会本身来看一下 "跳槽" 的时机。

（2）自我决心与支持系统：将二者结合起来看看，阻碍他的是客观存在的条件，还是主观意识上的一些错误观点。

（3）行动策略：我们是否可以提供不同的视角或解决问题的不同方案？

如果分析得清楚到位的话，那么候选人自然会做出适当的决策。

不管他的决策是否符合我们的预期，我们自己实际上也完成了一次小小的自我超越（选择去影响）、自我负责（以自己的能力去实施可能的影响）和自我接纳（接受最后的结果）。

💡 | 总结

牢记自我循环的三步：自我超越，自我负责，自我接纳。尽力去激发自我超越的意识，以"4S 理论"去推动自我超越的实现，从而促进循环的发生。

只有当我们自己变得更强大、能量更高时，我们才能输出能量去影响他人——我们身边的客户朋友、家人同学，甚至是一些陌生人。

第**21**篇

让天下没有被埋没的人才

【许石峰（David Xu）】

主编推荐

很多人说猎头行业是单兵作战的行业。从单纯的作业模式来看，或许是这样的。但是从候选人和客户端来看，我认为猎头行业是一个"合力"的行业。正如 David 所说，人才的大流动，得益于千千万万遍布于全中国的猎头顾问。在这张人才流动网中，猎头从业者应该做些什么来抓住这个机遇？让我们看看 David 有什么样的建议。

几天前，一位朋友给我打来电话，第一句话就问我：猎头市场是不是越来越好了？这位朋友十年前入行，先前是某顶尖财经日报的记者，他不仅学历高，而且学习能力也强。因为起点高，他两年就成了当时一家颇具影响力的公司的合伙人，第三年就创立了自己的公司，虽然辛苦，但是他赚了不少钱，投资了房产，最近几年慢慢淡出市场。

他的来电让我很吃惊。在我看来，他早就不再关注这个在他离开那年被称为"红海"的市场了。

在后来的谈话中，他提到的一些中小民营企业老板对猎头顾问的评价也让我忍俊不禁。他说在近期的一次聚会中，好几个公司规模不过数千万元或刚好过亿元的老板抱怨：在某些需要人才的地方，猎头顾问的确帮过他们，但是也非常可恨，因为他们时不时地会挖走对方的得力干将。这让我的朋友很吃惊，他感叹猎头顾问在中国的市场参与程度竟然这么高了。

我回应说"不稀奇"。

这样的故事每天都在发生，而且已经渗透到我国二三线城市的中小企业。近些年，各个猎头公司纷纷选定服务的领域和区域，分别在不同的城市和行业发力。其结果是猎头公司在全中国遍地开花，从最开始的一线城市延伸到数个二三线城市。随之而来的是人才的大流动。对，全国大流动！

这场人才大流动，当然得益于千千万万遍布于全中国从单产十万元到单产千万元的猎头顾问们的合力。而这个合力最终指向一个美妙而令人兴奋的未来——让天下没有被埋没的人才。

一个三线城市年薪十万元的 20 岁出头的优秀技术工程师，也许会被某猎头公司挖去二线城市发展。几年后他再次证明自己的优秀，Y 猎头顾问继续助力他做管理层。最终他实现百万年薪，更高阶的 Z 猎头顾问会助力他走向事业巅峰。这一次又一次的转换背后，可能是数百个不同地区、不同级别的猎头顾问的辛勤努力。按照目前已有的猎头市场的布局和分工，这样的故事层出不穷，真正实现全国的人才海选和甄别，进而让天下没有被埋没的人才。

当然，在猎头顾问助力下的全国人才流动，其背后的基石是国家推动的产业发展和各级城市间的人才竞争。

那么面对这场大流动带来的大机遇，猎头顾问应该做些什么？我想就以下3 个方面粗浅地谈一谈我的看法。

选定主战场，努力耕耘

应对当前和未来的人才竞争，专注无疑是很好的武器。在猎头职业发展的初级阶段，选定自己的领地做深做透是最优策略。无论选哪一个细分市场，都要建立这个领域所需的行业知识库和人才库。积累的过程可能需要一年甚至更久，一定要对自己的能力和选定的领域有耐心、有信心。

自我迭代，择木而栖

从行业"小白"到行业专家，是不断学习和自我提高的过程。每个季度进行自我总结的时候，看看自己的行业知识和对行业的认知是否不断地进化和迭代。若干个季度过去，随着对选定的行业越来越了解，业绩当然也会越来越好。这时，如果还想继续进步，可以看看自己所处的地域、猎头公司和选定的领域是否符合自己未来的发展。简而言之，如果你所在的公司没有土壤让你升级到下一个级别，那么一定要果断选择更好的土壤，别留在舒适区。

服务行业，做行业发展的"加速器"

从行业专家到组建自己的团队，是另一个让人激动的职业阶段。一个人可以走得快，一群人则可以走得更远。有了自己的团队，才能更好地服务自己选定的行业。当你的团队专业、专注并不断壮大的时候，你们也同时在助力该行业的人才升级，最终推动行业的加速发展。最让人激动的，莫过于收到来自市场的礼物——行业的认可与尊重。

💡 | 创新和变化

随着人工智能、大数据等新技术的普及，一些拥有科技力量的猎头公司也许会慢慢出现并取得成功。同时，那些更符合未来人才组织形式的猎头公司也会随着时间脱颖而出。拥抱变化、不断创新是通向未来的必经之路。

最后，希望市场上涌现出越来越多专业、专注的猎头公司，让天下没有被埋没的人才。

第**22**篇

猎头"三体说"

【沈嘉（Steve Shen）】

📖 主编推荐

　　自从认识 Steve 并有了多次沟通之后，我觉得他应该写一篇文章。因为他一直想做一些不一样的事情，是个"有想法且闲不住"的人。在沟通中，Steve 多次提到，以他多年的猎寻及团队组建经验来看，PS 模式不仅对前台顾问的筛选培养有极高的要求，而且相当注重后台的运营管理，因此行业里鲜有成功转型 PS 模式的猎头公司。所以在未来，除了几家模式鲜明的猎头公司外，可能大部分的猎头公司在谈了很多年的 KA 模式及 PS 模式上不会有太明显的分割。Steve 从 3 个维度谈到的猎头公司人才画像在任何模式下都是值得借鉴的。

引言

年前收到 Pierre 的邀请，让我在猎聘专栏《大猎论道》上发表一篇文章。虽说我工作之余在知乎上也积极地发表过一些关于猎头行业的看法，但基本属于论坛式的随口点评，远谈不上坐而论道。

坐在往返沪杭的高铁上，我回想起 12 年前的那个劳动节，一个刚在咨询行业尚未立足的职场新人无限憧憬地投入猎头行业，凭借在"四大"学到的有限的咨询方法论和同样有限的项目经验，期望在科技招聘领域有所成就，也期望给行业带来更多所谓的"先进性"。其间，这位新人经历过白手创业，也再次归零，多年躬耕于 PS 模式的公司，成功组建了高产的团队，遇见了很棒的同行。在近半年的独立猎头公司咨询师经历中，他感触颇多，在这里想毫无保留地与大家分享。没错，这位曾经的职场新人就是我。

在最近给几家 D 轮互联网公司人才画像的咨询案例中，我基于之前参加的由前阿里巴巴的资深人力资源顾问组织的"三板斧"工作坊的一些感悟，回想起我们猎头行业的人才画像，感叹原来自己以前都做错了。

猎头向谁学

对标"五大"，学习链家

如同电视剧《猎场》里提到的一样，"五大"是咨询的业务延展分支。记得在刚入行时，我曾在 MSN 的空白处无畏地写下"高管寻聘"（Executive Search）的空间名，努力向"五大"的同行学习他们的工作方法和服务流程，期望可以给客户提供更好的服务体验，憧憬着完成中国的郭士纳一般的案例。

但我很快意识到服务对象的区别，我们所谓的"中层招聘服务"本质上是类似于地产中介、三方理财的典型代理经纪业务，即我们受客户的委托，代理客户的具体招聘需求后，结合我们的候选人进行线下说服或营销的工作。那个年代往往是获得客户佣金的美好时代，我在创业前也曾进入当时的地产中介，向行业的领先机构进行像素级的学习，从薪酬体系到关键绩效指标搭建逻辑。在创业的前两年，我有如神助，高产满满。

感悟 PS，全心投入

在经历一系列的成功交付案例后，我得以接触到客户的决策层。借力入行前咨询公司的功底，我顺畅地完成了多个核心岗位的招聘，这就是后来在行业里大行其道的 PS 模式。我自己也跟随内心，在 8 年前加入 PS 模式的猎头公司，遵循雷布斯的七字真言"专注，极致，口碑，快"来做猎头服务的产品经理，学习并实践了 PS 团队的组建、培养和复制。但 PS 模式不但对前台顾问的筛选培养有极高的要求，而且相当注重后台运营的管理方法，是所谓的全流程顾问的前台业务撮合逻辑。

💡 | 猎头公司人才画像

猎头公司也招不到人

我曾开玩笑地说，即便是寻访能力出众的猎头公司，其人力资源部门（招聘 + 薪酬，鲜有业务拓展）往往也是组织中最薄弱的一环（优秀的员工更积极地调往前台从事高压、高回报的寻访工作），导致全行业人才稀缺，猎头公司自己都招不到人……如上文所述，在给几家互联网公司完成了人才画像的项目后，我不禁套用一样的方法来看我们理想中的猎头公司人才画像，发现我可能也出现了不少"经验陷阱"式的认知偏差。

近些年，但凡业务能快速发展的公司，在招募顾问时对相关的猎头业务经验并没有特别看重。公司往往注重其中后台的运营和自我进化式人才梯队的搭建。伴随着行业的突飞猛进，快速搭建突破 4000 万元营业额的猎头公司以及 R2R 公司遍地开花般地多了起来。在激烈的市场竞争和磨炼下，大量的百万顾问也着实被培养起来。猎头顾问在"跳槽"时，除了公司口碑，他们更看重是否能跟着高单产的领导学习和成长。

但我不禁要问:

(1)一个高单产猎头顾问是不是一个优秀的教练型领导呢?

(2)一个高单产猎头顾问是否可以持续稳定地培养出更多的高单产猎头顾问呢?

想必猎头同行的心里都有自己的答案。

但在现实的猎头公司经营中,升任管理岗位依然需要借助以业绩为核心考核指标的自然晋升体系。同时,顾问也往往倾向于将业绩汇报给比自己业务能力强(个人单产更高)的领导。

通过岗位分析,一线收费员和经理的核心胜任力权重有相当大的差异。借用阿里巴巴的职级体系,可以分为以磨炼专业知识为主的 P 序列和侧重于管理技能的 M 序列。

P 序列

P 序列的要素如下所述。

(1)相应的行业 / 职能知识。

(2)流程把控,沟通谈判技能。

(3)对应的客户 / 联系人认知等。

M 序列

M 序列的要素如下所述。

(1)组员的聘用和解聘。

(2)组员的开发与成长。

(3)团队和市场的业务规划与设计。

(4)风险的预估、控制等。

在我们的日常工作中,往往存在顶级销售升任管理岗后准备不足、不适应、自身业绩下滑等问题,他们对自己是否具备管理能力也产生了怀疑。他们基本的管理方法和管理经验都是从大量失败的新人案例中总结出的所得所悟。近些年来，大家在内部培训上的投入也逐步从业务技能和知识性教授转变为领导力的发展。

俗话说："千军易得，一将难求。"正如一些资深猎头顾问提到的"铁打的营盘流水的兵"，在"铁"越来越贵的现实下，对管理团队的培养不失为当下最优的培训投资。

从生产者到经营者

所谓学而优则仕，领导强了也要闯一闯。业内大量的猎头公司创始人往往是不错的一线业务团队管理者，他们也同样面临着从生产者到经营者身份转换的重重挑战。创始人或经营者自身的瓶颈也使团队始终停留在规模为 20 人上下的小微企业。

之前我服务过大量的互联网创业公司，发现招不到合适的人不仅仅是薪资的问题，更重要的是因为客户公司的创始人团队基本来自企业的中层管理序列，其自身的身份转换瓶颈制约了后续各职能线负责人的招募。我也曾针对这样的普遍现象组织了多届创业私董会，集合大量失败的经验教训来帮助创始人完成管理身份思维的转变。

如同运营足球俱乐部一样，少部分优秀的球员能有幸转型为教练，但教练却鲜有转型为俱乐部的经营者的。企业经营更是从战略到组织能力的双重挑战。同时，猎头行业的不确定性、不可复制性和不排他性，决定其对于经营者的组织能力（Organizational Capability）有更为苛刻的要求。

O 序列

O 序列的要素如下所述。

（1）战略与计划。

（2）评估与决策。

（3）经营性运营（财务管理、市场运营、人力资源配置）等。

我借用阿里巴巴的"三板斧"对领导培养工作的期望做了降格适应化，并成功组织了一系列针对猎头公司优化的领导力工作坊，最终做出猎头公司项目管理办公室（PMO）三体画像的总结，见表 1。

表 1　猎头公司项目管理办公室（PMO）三体画像的总结

企业成功 = 战略 × 组织能力							
分层	序列	要素	对象界定	目标	业务	组织	人才
头部（决策）	O	经营能力	高层：创始人或城市经理行业负责人	看得远	定战略	造土壤做导演	断事用人
腰部（运营）	M	管理技能	中层：团队负责人	镇得住	懂战略	招聘＆解聘	组建团队
腿部（执行）	P	业务知识	基层：业务顾问	跑得快	拿结果	升职＆回炉	自我实现

总结

记得有同行分享过，当猎头公司的老板可能是天下最郁闷的事。我们的工作基本上是猎头顾问连接人选和客户的长周期低频撮合交易，往往在想做大做强公司业务的道路上，仅仅着力于流动性最强的前台顾问端。在公司的中后台建设运营上，资源有限等各方面的原因，制约了公司向更高的成熟度迈进的步伐。

最后我用老本行——IT 顾问的技能，总结了 PMO 三体模型，继承并借用传统意义上 PMO 对于组织的意义、应用等一系列的知识、技能、工具和技术，以满足或超越组织战略的期望和要求。

唯有针对公司的基因特点，设计制作对应的 P 序列 /M 序列画像，并将其融入日常的工作实践，方能助力猎头公司走得更稳、更快、更远。

第 23 篇

忘记昨天的优秀，成就明天的卓越

【马士发（Theo Ma）】

主编推荐

在全球咨询行业（包括猎头行业）中，高级顾问的合伙人制是全球模式，这不是啥新鲜事。最近几年，随着我国创业市场的蓬勃发展和对创业精神的推崇，它逐渐成为众多新企业、小企业吸引具有创业梦想的年轻人的"法宝"。猎头行业也一样，在其产值的高速增长下，我们看到了合伙人制的发展空间。与其他国家相比，在今天我国的猎头行业中，合伙人制不再是高级顾问的豪华配置，它成了一种吸引年轻人、支持年轻人企业"内生创业"的机制。嘉驰国际近几年的发展势头正猛，创始人"小马哥"（马士发）是否对合伙人制有不一样的见解？让我们一起关注！

合伙制这个话题，近几年在猎头界被炒得沸沸扬扬。我在很多峰会上也说过，我国猎头的 20 年是跌跌撞撞的 20 年，烽烟四起，越来越乱，从"春秋战国"直接跳到了"三国演义"，好像就没有怎么经历过"太平盛世"。我国有 30 万左右的猎头从业人员，约 40000 家猎头公司，你们可以想想有多乱！在过去的 20 年里，不断有人在我耳边说：20～30 人是一个坎，40～50 人是一个坎，100 人又是一个坎，要达到 100 人很难，仿佛我国的整个猎头界都被这个"魔咒"整整套了 20 年。回过头来想，也许正是因为之前大家的段位如此，所以整个猎头行业的生态发展了 20 年还是那个样子。

💡 | 3 类典型猎头公司

通过对整个猎头市场 12 年的密集接触，我发现典型猎头公司可以分为以下3 类：

（1）第一类是雇佣军型的公司；

（2）第二类是组织文化型的传统猎头公司；

（3）第三类是有组织文化、愿景价值观的"公司＋合伙制"。

"公司＋合伙制"又分为两类：

（1）互联网＋，主要做低端业务，靠百度流量吸引二三线城市的小客户，走的是"农村包围城市"的路线；

（2）＋互联网，传统中高端猎头公司，具有强大的业务拓展能力，拥有高素质顾问和拥抱互联网的心态。

第一类公司的例子不少，我们经常看到一些能力强、身价百万元的顾问，一拍桌子就创业了。业内有一家比较知名的公司，其老板和顾问只谈钱，不谈理想，不谈情怀，老板只相信"你给我业绩、我给你钱"，最后吸引来的都是这样的人。如果从生意的角度看，这样做并没有错，但是没有一致的文化价值观的团队就像一个没有灵魂的空壳，终将步入"雇佣军"的尴尬境地。

第二类公司的例子也有很多，有文化愿景，有价值观，但模式还是传统的。

此类公司的服务能力很强，口碑好，也很专业，规模一般维持在三五百人，营业收入最高的在 1.5 亿～ 2.5 亿元，横盘多年，但很难再往上走。到达一定阶段后，体制的问题最后会严重阻碍这类公司的发展。对于这类公司而言，昨天的优秀是通向明天的卓越的最大障碍。所以，我们最大的敌人永远是自己，拥抱变化、突破自我是多么困难。

第三类公司目前又可细分为两类。

一类是充分利用互联网利器，吸引市场上 80% 的中小客户。因为这部分客户散落在民间，名气较小，也不知道哪些猎头公司好，于是依赖网络搜索。只要某家猎头公司的广告语足够"浮夸"，再加上网站做得漂亮，人员规模看起来足够大，就可以很容易地获得客户。有的顾问也可以不必很专业，只要掌握说话的艺术、能搜简历就好。这种打法一般是一锤子买卖，因为客户体验一般都很差。在二三线城市的猎头业务还不成熟的时候，凭借这种做法可以迅速占领当地市场。但是随着市场的成熟和更多中高端猎头品牌的入驻，客户接触到更多服务能力更强的品牌后，这种做法就会逐渐失效。解决这个问题的根本是提高招人门槛，淘汰大量的低层次猎头顾问，加强内训，否则仅规模大是没用的。卫哲曾经说过：没有效率和质量的规模增长相当于加速度的自我毁灭。很多时候，做"短期不赚钱"但"长期让自己值钱"的事情可能会成就未来的巨大成功。

另一类是我们正在实践的合伙制公司，而且我相信，未来会有越来越多的公司参与合伙制的实践，因为只有整个市场的生态好了，大家才能好。传统的猎头公司目前有 30 万从业人员，应该说市场基数是最大的，很多做得小而美，内功、口碑都不错，而这得益于它们拥有好的机制。

未来，整个市场肯定会出现一些"巨无霸"公司，强者恒强。传统模式的猎头公司要想忘记昨天的优秀、走向明天的卓越，真的很难。

卓越猎头公司的"五行道场"

做成一家卓越的猎头公司需要哪些要素？我们将这些要素归纳为"五行道场"。

品牌。品牌是企业的名片，人们对猎头公司的评价会根据顾问传达给他们的印象是好是坏，是高端还是低端，是专业还是不专业而做出，所以大家一定要重视品牌建设。这一点国外公司做得很好，未来我国的猎头市场也会涌现出越来越多的优秀品牌。资本的力量不可小觑，好的公司加上资本的力量会如虎添翼；但若处理不当，也会很麻烦。

招聘、培训、财务等。这些对于支持整个公司招聘新人、培育新人、完善财务体系以更好地支持业务，起着至关重要的作用，否则就没有吸纳"造血"功能，品牌做得再好也无济于事。

系统。"工欲善其事，必先利其器"，我们要想把猎头公司做得更大，就必须有强大的系统、体系等作为支撑，以实现系统化管理。

合伙制。好的制度能迅速调动人的积极性，打开所有的上升通道。

文化价值观。这是最容易被忽略的，但文化价值观就像企业的灵魂，认同和归属感就像一股无形的力量把整个企业连为一体。

我国猎头行业的"六化建设"

如果预测一下未来我国猎头行业的趋势，我们认为可以将其归纳为"六化建设"：雇佣合伙化、合伙资本化、公司平台化、平台生态化、生态一体化和业务延伸化。

雇佣合伙化。针对猎头行业进入门槛低、容易分裂的特点，雇佣制向合伙制转变迫在眉睫，否则很多人没有积极性和存在感，留人越来越难。这也是之前 20 年的"魔咒"——一直在"做了分裂，再重新做"的轮回里打转。

合伙资本化。合伙制，合的其实是人心，是愿景、使命、价值观，是人品，是创业者的精神与能力，否则就不是真正的合伙，即使对外打着合伙制的旗号，最终也会走向雇佣军打法的尴尬境地；还有一点，合伙人必须拿钱，同时要牺牲底薪，这是姿态问题，否则以职业经理人的心态干活肯定不利于公司的发展。

公司平台化。链家老板说过一句话：之前管理12万人很累，如果把管理12万人的思维换作服务12万人，让每一个人成为公司的主人，就会容易很多。

平台生态化。这指的是让公司内部的业务拓展、做单、招聘培训等形成一个良性配合的生态，真正地把一家公司做成360°公司，而不是仅仅把一个猎头顾问做成360°顾问，否则就以点概面了。这也是很多老板把公司做成360°公司更累了且规模上不去的原因。

生态一体化。只有整个猎头行业的生态好了，大家的"武功"都增强了，我们每个人才能好。因为我们都是生态中的一员，我们不光要自己好，还要让整个环境好。

业务延伸化。要想形成国外猎头行业那样的全面解决方案，就必须将猎头业务的延伸作为增强客户黏性的切入点，构建灵活用工、派遣、培训等多个模块。只有这样，才能将猎头公司做大、做强，直至上市。国外颇具规模的猎头公司都有这样的组织架构。我们也会陆续看到，我国会涌现出越来越多的猎头行业的世界500强企业，这并不是天方夜谭。

💡 | 猎头行业的"'势'水流年"趋势

最后，猎头行业还有个被我称为"'势'水流年"的趋势：一线流二线，国内流国外，外资流内资，甲方流乙方。

猎头业务随着国家开发中西部政策的落实，大规模地从一线城市向二线城市转移；国内的企业跟随国家"一带一路"倡议的落地大规模地向国外扩张；外资猎头人才纷纷流向内资猎头公司；甲方人力资源顾问不断地转向乙方做猎头顾问。

以上是我个人的一些浅见，希望我们的猎头行业越来越好。还是那句话："大家好，才是真的好。"让我们一起努力，相互鼓励，相互刺激，一起打造共生共荣的健康猎头生态，共同创造我国猎头行业的美好未来，走向世界，让世界因为我们发掘的人才而精彩不断！

第24篇

浅谈房地产行业用人的 3 个趋势

【曹平（Tony Cao）】

主编推荐

　　猎头行业里专门服务房地产行业的猎头顾问几乎都听说过"铜雀"。铜雀是一家只靠服务华夏幸福就能做到几千万元的专注型猎头公司。包括我在内的很多猎头顾问都非常想了解铜雀是怎样把一家客户服务到极致的，所以我邀请曹平总经理为《大猎论道》专栏撰稿。他并没有从猎头顾问的角度谈技能或运营上的经验和认知，而是从行业的角度分享了房地产行业的用人偏好与现状。从文章中不难看出他对房地产行业的深入了解。想必也是基于这些洞察，他才会让铜雀专注于为房地产行业的特定客户提供服务。这也是猎头行业服务客户的关键，即要想更好地给客户带来价值，就要努力让自己成为行业专家。

电影《我不是药神》中有这样一句话：世界上没有药神，只有人才能救人。历经多年的发展，猎头行业也早就摆脱了稚嫩，一步步走向成熟。越来越多的猎头公司在不断地转型与发展，猎头公司不再恪守固有的"大而全"的商业模式，越来越多的"专而美"的猎头公司开始从"匠人"的角度出发，加深产业链的纵向深化，不断地进行战略转型，做精做透某个行业。

今天，我想和大家聊聊房地产行业的用人最近有哪些趋势和变化。

☀️ | 薪酬越炒越高

谈到薪酬，大家可能有一个很直观的感受：近些年来，房地产行业的薪酬可以说是越来越高，尤其是高管人群。

接触房地产行业这么多年，我感受到整个房地产行业确实是所有行业中薪酬最高的几个行业之一。

像一个高级经理，年薪能有 30 万～ 50 万元，总监级别可能有 60 万～ 100 万元，副总级别可能有 120 万～ 200 万元，总经理级别包括一些操盘手可能有 200 万～ 300 万元。而这在制造业领域基本上是不可能达到的薪资水平，即便在互联网和金融这两个薪酬较高的行业中也是如此。

但在我看来，整个房地产行业的薪酬还是有泡沫的。

为什么说有泡沫呢？

根据我做猎头顾问这么多年的经验来看，整个房地产行业都喜欢用一些前 20 强、前 30 强的房地产经理人。相信这也不难理解，因为从某种意义上看，用这些人出错的概率会很小，从而大大降低了风险。同样，大家也会有这样一个概念：如果连这些人都干不了，那么其他人就更不可能干好了。

实际上，能胜任前 30 强工程经理、项目总经理、地区总经理的远不止这些人，但是这一点往往会被忽略，房地产行业还是更倾向于招揽这些前 20 强、前 30 强的候选人。这样一来，这些候选人的薪酬自然就会被越炒越高。在我看来，这也是不符合正常逻辑的。

近两年，我们有了很多在企事业单位工作的候选人，包括 2019 年我们推荐的一些成功案例。像一个处级干部的薪酬，顶多也就是税后 10 万元左右，但是一旦到了企业，他的薪酬可能就会直接翻 10 倍、20 倍，达到一两百万元甚至更高。所以从某种意义上看，这也体现出整个房地产行业比较浮躁的状态。

之前的 10 年、20 年可以说是房地产的增长周期，房价增长快速，薪酬也是水涨船高。从这个层面来讲，我感觉它不是一个可以持续的过程。在我看来，现在其实已经过了房地产的"黄金二十年"。我相信在这之后，品质型的房地产企业，即有足够的议价能力和管理水平的房地产企业，其地位会在行业中越来越突出；相应的，其薪酬也会更规模化一点。也就是说，你要过来可以，但是我有品牌，我有最优的体系，过来就是平薪甚至降薪。因此人才的流向在这里会出现一些不同的发展方向。

而现在一个显而易见的状况是：房地产圈的薪酬平均值很高，房地产经理人不管级别高低，他们的薪酬差距都不是很大。在我看来，这不是一个可持续的现状。我相信在不久的将来，房地产行业的薪酬会遇到瓶颈，而各个层级之间的差距也会日益凸显，更趋于合理化。

头衔越来越大

近年来有一个很有意思的现象，房地产经理人的头衔被给得越来越大，相信大家对此都深有体会。现在很多房地产经理人似乎都有一个了不起的头衔，随随便便就是个"总裁"。但你如果真正了解下来，就会发现他的职能可能完全不像他的头衔那样大。这有点类似于投资圈，基本上满大街都是"副总裁"，而这个副总裁做的具体事情可能也就是一个项目经理的工作。

尤其是 2019 年以来，很多房地产企业包括一些高周转的企业，其实给出的头衔都是区域公司的董事长、区域的总裁，而开这个先河的其实还是某家首屈一指的房地产企业，它是第一个喊出"区域总裁"这种头衔的主流房地产企业。

但从某种意义上看，我感觉它与品牌知名度较高的老牌房地产企业的区别还是比较大的。这些老牌房地产企业给出的头衔并不像上述公司一样，它们所给的头衔还是相对常规的，职级体系也完全不同，像这些老牌房地产企业的一些部门经理可能就是其他公司的总监甚至副总。

可能在很多人看来，头衔越给越高有不合理之处，甚至略显出这个行业浮躁的现状，毕竟现在很多企业给出的头衔与其实际职能并不完全对应，很多时候甚至高出其真正的职能。但我认为，头衔给得高也不一定是件坏事，我认为只要对业务有利，有利于促进项目的开展，给什么头衔其实并不太重要，它主要是起到对外宣传与沟通协调的作用。

我认为，传统的品牌房地产企业也应该做出一些改变。因为按照现在的趋势，如果头衔给得太低，从某种意义上看，很多房地产经理人并不愿意加入，因此，这些人就很难落到你的系统内或者你的薪酬架构体系内。老牌房地产企业更应该与时俱进，适当抬高头衔。这样，猎头工作也会更容易推进，网罗天下有志之才为企业所用。

🕯️｜体制内人选备受青睐

近年来另外一个有意思的趋势就是体制内的人选开始备受企业青睐，这不局限于房地产行业，但在房地产行业最为显著，而这一两年尤胜。

铜雀 2018 年统计过拥有央企、国企、事业单位等背景的体制内人选，得出的结果是我们在 2018 年成功推荐了 83 个中高管，这个量其实是很大的。

这些体制内人选应该怎么用？各个企业为什么喜欢用这些体制内的人选呢？

首先，最重要的一点是这些体制内的人选都有强资源背景。也就是说，企业用这些人选，一般就是用他们的资源以及对于相关部门办事流程的熟悉程度。在这一点上，房地产行业对体制内人选的渴求表现得尤为突出，这主要是因为房地产行业的特殊性：相对于其他行业来说，它与管理部门打交道的机会比较多。例如，一个房地产项目的落地一般要盖 100 多个章，这其中要做大量的工作；又如，任何一家房地产企业到一个地方去发展业务，第一步一定是拓展拿地，并且与管理部门打交道。房地产企业之所以用这些体制内人选，是因为他们是规则的制定者，他们最了解管理部门的政策条例，同时他们也具备民营企业这些经理人不具备的资源和优势。

现在比较有意思的是，很多房地产企业会去挖银行行长这类人选，这主要是为解决融资的问题。事实证明，这些人被挖过来之后确实给它们解决了大问题，因为资金确实是房地产企业的一个命脉，如果说现金流跟不上，可能就不足以支撑这家企业长远发展。

但我认为，对于体制内人选的"跳槽"，我们还是需要辩证看待。如果说对于房地产行业，他们"跳槽"过来能有足够的资源嫁接到房地产企业，那也未必是件坏事；但如果"跳槽"到互联网或者金融行业，我建议他们还是去能够发挥其资源优势的地方，否则可能也就只有 6 个月的"蜜月期"甚至更短，而在过了"蜜月期"之后，可能就不一定能在这家企业有长远的良好发展。同时，体制内的福利都是不错的，而且体制内的工作压力肯定没有民营企业那么大。虽然现在体制内人选备受青睐，前面我也提到他们进入企业后的薪资是非常高的，但是高收益意味着高风险，因此在我看来，"跳槽"还是要相对慎重一些。

第25篇

猎头业务的行业细分

【余仲望】

主编推荐

　　这两年我们谈的很多问题都围绕着专业、专注，如怎样做行业细分，怎样做细分行业里的佼佼者。余总有一个观点非常有意思，他在本文中谈道："专注于某个行业的团队，规模比人均单产重要。"其实任正非也谈过类似的观点，他说："华为只有几十个人的时候就对着一个'城墙口'进攻，几百人、几万人的时候也是对着这个'城墙口'进攻，现在的十几万人还是对着这个'城墙口'冲锋。密集炮火，饱和攻击。"这个论述非常形象。最近我们公司内部也一直在讨论一个话题，即"挖掘单个客户的最大潜力"，也就是投入更多的资源去某个细分领域。相信每个猎头公司对于行业细分的做法没有标准答案，但是余总20多年的行业经验确实能给我们带来一些启发。

🔆 | 导语

猎头顾问的效率源于专注，更深层次的原因在于他们手上掌握的同质化职位的多少，以及与之相匹配的同质化候选人的数量的多少。

假如一名猎头顾问操作的职位都是同种类型，经过一段时间，他联系的候选人就会越来越同质化；积累到一定数量，匹配就会越来越容易，成功率就会越来越高。

就像布朗运动，在同一空间内的分子数量越多，撞击的概率也就越高。

猎头公司的经营者和从业人员需要思考的是如何做到专注。

🔆 | 专注的必要性

首先，行业细分是绝对有必要的。2003 年之前的猎头公司，由于市场空间有限，基本上采取的是多行业操作，职位相对较高。2003 年到 2008 年是中国猎头市场的黄金时期，发展最快的是一批专注于某个行业的新兴猎头公司（时间过得很快，这批猎头公司现在也是老牌猎头公司了，猎头老板也从"白衣少年"成长为"资深少年"了）。

最先出现的是 IT 行业，后来是金融和房地产行业，再后来是半导体、汽车、服装、消费品和奢侈品行业，制药行业是比较靠后的行业了。近些年逐渐出现教育、农业，甚至是家居、母婴等行业。猎头公司的发展基本上遵循着越来越细化的道路。

纵观人类发展的历史，其遵循的也是分工越来越细化的道路，人类发展史堪称"人类分工史"。在原始社会，人类的衣、食、住、行全部需要自己去满足，需要打猎采集才能获得食物，需要缝制兽皮才能获得温暖抵御严寒，需要自己制造器具捕猎，需要自己建造房子遮风挡雨……除了阳光雨露来源于自然的恩赐，其他一切都需要亲力亲为。

首先是随着农业的产生，人类开始定居（也有人认为，人类是先定居，然

后产生农业）。其次是组织人员兴修水利、实施灌溉，此时组织便产生了。而后，手工业兴起，工业革命、信息革命又使分工进一步精细化……发展到今天，有人开始反思分工是否过于精细了，例如，医生只会看一种病，甚至一种疾病都需要很多科室的医生会诊。

在无论什么都需要人类自己动手制作的时候，生产效率是极其低下的。除了解决生存问题之外，人类没有能力生产更多的物质，无法享受更加美好的生活。

我们现在一个不从事生产的办公室人员，即使不制造任何实物，所创造的价值也是原始人类的几十倍，甚至几百倍。

☀ | 猎头市场扩张

2003 年至 2008 年，专注于某个行业的猎头公司的发展速度和发展质量都要高于之前诞生的从事多个行业的猎头公司，在此期间成立的同时从事多个行业的猎头公司发展得都比较艰难。这背后有一个大前提，就是猎头市场急剧扩大，尤其是在 2003 年"非典"之后，民营企业猎头市场的打开使专注于特定行业的猎头公司能够在一个行业内获得足够的业务量。

除了民营企业市场的打开，还有另外一个原因就是大量工程师职位的招聘也开始使用猎头。这类猎头公司在某个行业内投入大量人力，建立起局部优势，集聚了大量同质化的人才，迅速占领某个行业市场，产生"马太效应"——强的会变得更强，弱的则越来越弱。短短几年，这类猎头公司的规模和业务量就赶上甚至超过之前做全行业的猎头公司了。

但是，凡事要一分为二看待。

在 2008 年经济危机期间，专注于某个行业的猎头公司暴露出抵御风险能力的缺失，这类猎头公司受到的打击要远大于全行业猎头公司，在某些行业甚至遭到了毁灭性的打击——半导体行业的猎头公司几乎全部消失了，直到将近十年后的今天才出现复苏的迹象。最近两年的进口数据显示，芯片进口额达到 2000 多亿美元（注：根据海关总署的数据，2019 年上半年，中国芯片进口额高达 1467.05 亿美元，与 2018 年同期的 1085.07 亿美元相比，暴增 35.2%），比石油还高，比第二到第十项工业产品的进口总额还高。芯片不像石油，它涉及信息安全，于是中国成立了国家专项基金，大力发展半导体行业。

往后几年会重新出现专注于半导体行业的猎头公司。某些专注于房地产行业的猎头公司发展得非常迅速。时至今日，房地产行业的猎头业务可能要占三成到四成，而房地产行业对猎头顾问的专业性要求不是太高，职位都比较好理解，迅速扩张的难度不大。但是，房地产行业是个政策市场，受宏观调控的影响比较显著。

曾经有专门做万达的猎头公司，现在不知道怎么样了。前两年很多猎头顾问改行做互联网金融，现在可也安好？

行业转型

2008 年之后，专注于某个行业的猎头公司看到了风险，努力向多行业拓展。不可否认，企业有自己的基因，原来成功的因素可能正是将来失败的原因。到目前为止，这类企业转型都不太成功，还在努力当中。

做多行业的部分猎头公司，在 2008 年之后开始进行行业细分：一个行业成立一个团队，进行业务线梳理和调整。从某种程度上看，这种调整比专注于从某个行业向多行业调整更容易，原因是这类公司在各个行业都有知识储备，有一定的客户基础，只需理清思路、扩大团队规模。更重要的是其背后的制度支撑，不需要采用一套新的制度。到目前为止，部分综合性猎头公司在某些行业已经处于领先位置，已有足够的能力专注于一个行业与同行竞争。

猎头公司的竞争能力取决于其在某个行业的排名。例如，做汽车的猎头公司，如果在所有做汽车的猎头公司中排名前 10 名，日子就会很好过；如果排在 30 名之后，基本上就是做"外围"了。排名在前列，会产生"马太效应"，大客户和好客户越来越集中，甚至有客户主动找上门去，给予它们挑选客户的权力。职位也会优先供应给这些公司，谁让人家是核心供应商呢？它们获得高端职位的机会也会更多，甚至已经威胁到付定金的猎头公司的业务。同样重要甚至更加重要的是，猎头顾问也会向这些公司聚集。这些公司的候选人的数量和质量往往也会更加庞大和优质。网上有人讨论，选择猎头公司是选公司还是选领导？其实是问这个团队在同行业团队中的排名。竞争是在同行业的不同团队之间产生的，和其他行业的团队不相关。

💡 | 行业规模差距

顺便说一句，各个行业的规模差距极大，排名也很不一样。房地产行业前100名的日子都很好过，医药行业20名之后的日子就不那么好过了。半导体现在就没几个形成规模的团队，大部分还在培育中。毕竟，这个行业对专业性的要求太高了。

专注于某个行业的团队，规模比人均单产重要。例如，做整车的团队，以前是外资公司做得好，但是团队规模都不大，大约十来个人或者稍多一些，人均单产都不错。但是这些年，这些团队基本都解散了，表面原因是人员变动、领导离职，深层原因是逐渐丧失竞争优势，业务竞争压力越来越大。

最近10年，一批专做整车的本土猎头公司陆续出现，其人数动辄50人、100人，即使单个猎头顾问的能力素质有限，但是人数多，资源就多，在推荐人选的数量和速度上都有优势。汽车整车行业真不是人少就能做的，这些企业的职位都是以50个、100个的数量对外公开的。一家猎头公司有50个汽车顾问，一年在一家客户企业减少200个职位；另一家猎头公司有10个汽车顾问，一年在一家客户企业减少50个职位：二者在客户供应商名录中的排名是完全不一样的。

目前，我仍然会看到，一些做很多行业的资深顾问即使做了10多年了，仍然没有积累，没有建立自己的行业优势，真令人扼腕叹息。我也仍然看到，有些创立时间不久的猎头公司，有什么客户就做什么客户，没有专注于某个行业。

没有专注就没有竞争力，本来能力就有限，分摊到各个行业，力量就更加稀薄，在哪个行业都只能做"外围"。其原因往往有两个：恐惧和贪婪。**恐惧的原因是担心只做一个行业，缺乏足够的客户；贪婪是因为其他行业的客户给的单子好像也很容易赚钱，不知道"取舍"。**

我们要意识到：做与不做，有一个机会成本。**将时间和精力投入到自己不擅长的行业，远不如投入到自己擅长的行业有效。**有些公司开设外地分公司，做当地客户、跨行业操作，失败是可以预期的。关于行业优先还是地域优先，需要专门另写一篇文章讨论。

专注就是力量

更深入地说一句，行业需要细分，越细越好。例如，不能把制造业当作一个行业，应该将其分成 10 个行业甚至更多，如汽车、自动化、电子、半导体、机械、重工、新能源……即使将汽车分成一个行业也太粗了，至少应该将它分成整车和零配件，如果能将新能源汽车和无人驾驶分出来就更好了。很多行业同样需要继续细分，分得越细越有竞争力。其原理只有一个，细分产生专注，专注就是力量。一磅炸药，摊开点着只会产生一缕青烟，把它扎紧了可以炸掉一栋房子。一个行业的产值，如果超过 1 万亿元，就要细分，需要细分成千亿元级的。

猎头公司的老板们，需要深思。

▼

第26篇

我是猎头顾问，我不是猎头机器人

【张海骏（Hugo Zhang）】

📖 主编推荐

我和 Hugo 已共事多年，我们一起经历了行业的起伏和发展。最近一年，他在新的平台上有了更好的发展，对于猎头行业有了更加深入的理解，我邀请他谈谈自己的感受和新认识。猎头行业谈的问题几乎都围绕着猎头顾问、候选人和客户。本文也是从这 3 个方面来形象地跟大家分享猎头顾问和猎头机器人之间的区别。无论人工智能如何发展，有温度、用心、有内在价值判断的猎头顾问都是无法被取代的。就像本文中说的那句话，"候选人怀念的那个猎头顾问"才是真正有价值的猎头顾问。

在 2019 年 8 月的 CGP 夏季运动会上，当主持人号召大家将运动会的照片上传到朋友圈，并且宣布在两个小时内集赞最多的同事将赢得大奖时，我们的朋友圈顿时被刷屏了。在两个小时内，一个普通人的朋友圈会有多少人点赞？

结果出乎我的意料，从业两年的猎头顾问在两个小时内共获得 700 多个赞！

这给了我极大的震撼，我不是震撼这位猎头顾问有这么广的朋友圈，而是震撼有 700 多个人为他点赞。我相信每个猎头顾问的朋友圈里都会有很多候选人，但只有对你认可、欣赏、喜欢和信任的候选人才愿意为你点赞，这么强的候选人黏性是相当令人震撼的。

我同时也很欣慰，作为从"猎"18 年的"老猎手"，面试只是我日常的工作。而在当今人工智能、大数据等科技迅猛发展的当下，候选人的信息已经变得相当透明、公开，众多年轻的猎头顾问已经不屑于花时间去面试候选人，而选择直接下载简历，推送给客户，这就是我们常说的他们在做简单却没有价值的事。

但是，我们依然有这种入行不到两年的猎头顾问，还在勤勤恳恳、踏踏实实地面试每一个候选人，这是一种怎样的负责态度啊！

尤其是越来越多的公司已经将机器学习和人工智能的开发对准了招聘领域，在简历筛选甚至面试方面都尝试利用人工智能实现更高效的工作。更有甚者，有的公司开始尝试用机器来进行面试，俨然是"猎头机器人"的雏形出现了！

但是这种编程固定的、没有互动的"猎头机器人"问答的面试方式，让我想起当年学法语时听到的关于拿破仑的一则轶事。

拿破仑轶事

有一次拿破仑来检阅队伍时，战友们提醒一个瑞典士兵，拿破仑也许会问他几个问题。这个瑞典士兵十分焦急，他听不懂法语呀！

另一个经验丰富的士兵说："拿破仑总是按同样的顺序问 3 个同样的问题。"

第一个问题是"你多大了"。

第二个问题是"你在我的部队多久了"。

第三个问题是"你是否参加过我指挥的两次大战中的一个"。

所以，只要背下这 3 个问题的答案就可以了。于是，瑞典士兵按顺序背下了这 3 个问题的答案：

"23 岁，先生。"

"3 年了，先生。"

"都是的，先生。"

检阅那天，拿破仑居然没有按之前的习惯来问，他问的第一个问题是：

"你在我的部队多久了？"

"23 岁，先生。"

"你多大了？"

"3 年了，先生。"（注：在法语中，"年"和"岁"是同一个词。）

瑞典士兵的回答使拿破仑既吃惊又生气，于是拿破仑吼道：

"是你疯了，还是我疯了？"

"都是的，先生。"瑞典士兵自豪地回答。

猎头机器人也许不会疯，而候选人会怀念猎头顾问。嬉笑之余，我们又一次面对一个问题，在这个人工智能盛行、信息透明化的时代，猎头顾问存在的意义是什么？猎头顾问如何产生价值？

💡 ▏猎头顾问的价值产生

首先，猎头顾问的价值产生需要顺势而为。

用学习的心态，坦然地接受和拥抱这个时代。学习能力俨然已经成为猎头顾问的核心竞争力之一。

在这个信息爆炸的数据时代，知识创造与更新的速度日益加快。我们应该探讨的不是机器是否会思考与学习，而是人类是否还会继续思考与学习。个人社会竞争力的高低不仅仅取决于你拥有多少知识，在更大程度上取决于你学习掌握新知识的速度与能力。猎头顾问天生就具有好奇心和对知识的渴求，在此基础上，他们应该学会独立思考，踏实地积累，快速掌握自己专注行业领域内的最新变化。

其次，我认为猎头顾问的价值始于获取信息，重在"问道"，如图 1 所示。

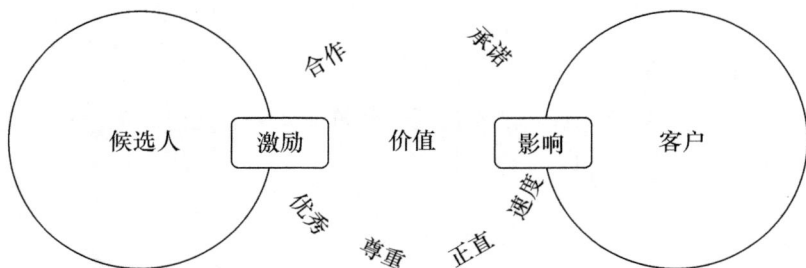

图 1　猎头顾问的价值

最后，猎头顾问的价值是激励候选人，影响客户。

激励候选人要知道，人生中每个阶段的选择都是至关重要的，而人生中最难做的事就是选择。

猎头顾问助力候选人在职场上深度发展时，候选人的职业生涯发展已经不仅仅是其个人的事了，更关乎候选人成功后带给其家庭的幸福感。而且每个成功候选人的背后，都造就了 3 个幸福的家庭。猎头顾问的价值是从专业的角度去帮助候选人做好选择、做对选择、成就幸福。

影响客户，我坚信猎头顾问的价值不仅在于帮助企业解决人才配置的问题和为企业提供领导力解决方案，更在于信息传递，在整合和优化的过程中充分发挥猎头顾问的影响力。

尤其是现在，人才对组织的需求弱于组织对人才的渴望，猎头顾问肩负着候选人与企业之间的价值传递和信任传递任务，影响企业决策人改变思维模式，从简单的争夺人才到吸引人才。

没有温度和思想的猎头机器人无法理解猎头顾问与候选人和客户之间的价

值传递是动态的，是由表层向内在深入发展的。

💡| 由内而外的思想碰撞

由内而外的思想碰撞如图 2 所示。

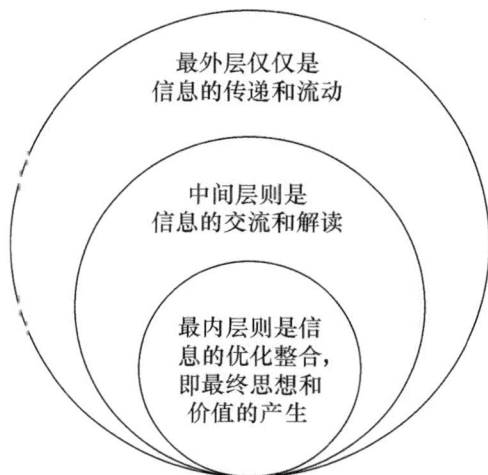

图 2　由内而外的思想碰撞

最外层仅仅是信息的传递和流动。这个层面无须思考，仅仅是一个简单的、静态的、机械的传递过程，人工智能毫无疑问可以胜任。

中间层则是信息的交流和解读。交流是双向的、变化的、动态的，是情感的互换和培养；解读则是思考的过程，是思想的萌芽和滋生，是信任的起始，是对信息的还原。

所以数据和信息只有通过解读和运用才能产生价值和意义，如果人工智能现在还无法像人类一样思考的话，那么是无法替代我们的猎头顾问的。

最内层则是信息的优化整合，即最终思想和价值的产生。这个层面是一个二次创造的过程，犹如一个新生命诞生的过程。只有投入了自己的思考，运用自己的知识，经过时间的历练，才能真正整合优化信息，孕育出真正的思想和价值。

转念间，我突然想到歌手杨宗纬的那首《洋葱》，它刚好诠释了猎头顾问的心声：

　　"如果你愿意一层一层一层地剥开我的心，你会鼻酸，你会流泪，只要你能听到我看到我的全心全意。"

　　猎头顾问在面试时又何尝不是在一层一层地剥开候选人的内心，一点一点地体会候选人的经历，和候选人一起建立人与人之间的信任，创造价值！

　　这个世界已经不按套路出牌了。我们曾经一直在研究我们的竞争对手在做什么，如今，你都不知道你的竞争对手是谁，甚至你的竞争对手根本就不是与你同行业的。我们一直在探索和预判未来 10 年会有什么变化、我们要如何面对变化，我却想知道未来 10 年有什么是不变的。

💡 | 猎头不猎命，猎头只猎心

　　不变的是专业，是变得专业。用心＋技术＋持续的学习＝专业，如图 3 所示。我们要做一个有温度、有人情味的猎头专业顾问。文章开头提到的朋友圈里有 700 多个人为其点赞的猎头顾问，这些赞不仅是赞这名猎头顾问的美照，更是赞这位猎头顾问在面试交流中的真诚、用心和专业。一个用心的猎头顾问创造了成就专业的基石！正所谓猎头不猎命，猎头只猎心！

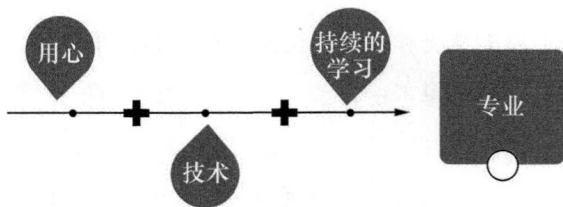

图 3　用心＋技术＋持续的学习＝专业

　　所以，猎头机器人替代不了有温度、用心的猎头顾问。而且猎头行业也是一个有爱、有温度的行业，这个行业能让顾问有学习和成长的机会与空间，给予猎头顾问足够的荣誉、认可、奖励和回报。这个行业为客户、候选人、猎头顾问打造了一个知识、机遇、人际圈的共赢平台，连接人与机遇，成就美好生活！

第 27 篇

跳出猎头行业的那些坎——
如何摆脱负面情绪

【段春雨（David Duan）】

主编推荐

　　我一直说猎头是源于失败的行业，只有在候选人接到聘书的瞬间，猎头顾问才能体会到一丝成功的喜悦。我们一直说对于很多关键岗位，客户找不到理想的人才，才想起来委托猎头顾问，这就意味着猎头顾问在大部分时间里都要经受挫败感的考验。所以情绪管理是每个猎头顾问的必修课，这种管理是有方法、有路径的。希望段春雨的这篇文章能给那些每天在艰苦作战、屡败屡战的猎头顾问一些启发。

猎头有走不完的坎，但没有过不去的坎。因为猎头工作是具有销售性质的，成交才付费的特性和竞争激烈的现实环境，使很多单子在开始之前一切都是可能的，而开始之后一切都是不确定的。对于年轻的猎头顾问而言，很酷的是每天能有机会与职业精英沟通，在潜移默化中成熟，还能体验到成单时的成就感和满足感。

猎头的那些坎

然而，在猎头的日常工作中，还会大量遇到的情况如下所述。

（1）打了一天的电话，结果没有递出去一个人的简历。

（2）一个单子投入了很多的时间和精力，想放弃却又不甘心，想投入却又怕没结果。

（3）好不容易经历了数轮面试，客户终于递出聘书，候选人却选择了其他机会。

（4）终于接受了聘书的人选，最后因家人反对，无法入职。

（5）自己已经连续经历了几个候选人在最后一轮面试被淘汰，特别想在近期快速成单。

（6）推了好多候选人，客户突然不急了，推了几次也推不动。

（7）客户突然宣布冻结招聘，好几个已经面试几轮的职位和正在谈录用的人选都被"待定"。

对于一个年轻的猎头顾问而言，上述情况会启动内在挫败、失望、愤怒、悲伤等负面情绪，负面情绪则会极大地影响其工作效率。人陷于悲观的情绪中时，只能记起悲观的事情，看到的和想到的都是悲观的一面，对未来的预期也是灰暗的；反之，当处于快乐的情绪状态时，我们对未来的预测会更加积极乐观，变得活力充沛、干劲十足。好的情绪管理就是我们的幸福"加油站"。

🔅 | 为什么要直面情绪

当你还是腰部猎头顾问时，情绪和赢面成正比

做头部猎头顾问和腰部猎头顾问的能力要求不同。头部猎头顾问要找的是顶级资源，需要咨询和影响他人的能力。年轻的小伙伴大多在做腰部猎头顾问，做腰部猎头顾问的关键是跑得快、执行力强、取得成果，能在最短的时间内找到许多愿意与你合作的人选。行动量大，随之而来的各种压力情绪也大。

你躲不掉负面情绪

我刚入行做猎头顾问时，希望自己只体验那些正能量的情绪，排斥上述那些苦闷的场景，总想逃避这些悲伤、难受、生气的感觉。在做了 13 年猎头顾问之后，我发现这些感受跟我们的困、累、饿一样都是一种很平常的存在，想删除它，能删掉吗？

就像对夏天留恋，却不喜欢冬天，而冬天是自然的存在。冬天存在 3 个月我就不舒服 3 个月。又如，我只喜欢跟 5 种类型的候选人沟通交流，其他的 95 种类型的候选人我都不喜欢，可现实却是你要跟各种各样的人在一起工作和生活。抗拒这些正常的存在就是我们负面情绪的来源。

负面情绪背后也有积极意义

负面情绪背后往往隐藏着正向的意图。负面情绪本身也有积极的意义：负面情绪能指出你要发展出的某些还不具备的能力；说明某些被忽略或遗忘的重要因素需要被注意到、被认可、被接受；有负面情绪说明你在舒适区之外，正在成长。

就像刚开始学打猎头电话时，我会身体紧绷、说话不流畅，放下电话后才想起刚才有些话说得不妥或者有些问题忘了问，还会伴有恐惧、挫败、愤怒、紧张等感觉。随着历练，这些能力被发展出来，每次的谈话效果更好，我慢慢就学会放松了；再后来，我打电话时的紧张感也就消失了。

随着我们不断成长，我们又会面临新的挑战。例如，当你开始拓展一个完

全不熟悉的行业，服务一个新客户，或者当你开始带领团队后，都需要具备新的能力；在你还没有掌握它之前，似曾相识的负面情绪又会出现。

💡 | 如何摆脱负面情绪

从负面情绪走出来的方法有很多，如锻炼、看电影、散步、睡觉等，总之做些你喜欢做的事情都会很有效。在此再介绍猎头顾问可以使用的两个方法。

管理情绪的一个方法：允许

猎头新人可以试一下允许的力量：电话中多次被拒绝，内心开始躁动不安时，对自己说"我允许有人不喜欢我"。说三遍之后，你除了会感受到内心轻松外，还能使自己更有力量。

这个方法不只是新人可以用，对于成熟的顾问也同样有效。两年前，一个猎头顾问的高端人选最终放弃了客户两次加价后的聘书，原因是他的家人不支持。由于这个单子已经跟了很久，一开始，强烈的愤怒和沮丧困扰着猎头顾问。但是，在这种情绪状态下的自然反应只会让事情的结果更糟，此时只有先处理好自己的情绪，才能处理好事情。

首先，我邀请这位猎头顾问进行缓慢而深长的呼吸。然后，我让他在心中告诉自己，当发生了与意愿不一样的事情时，如果已经无法做任何努力，可以在内心说"我允许这样的事发生在我的身上""丢单是一件很正常的事情，发生了就让它过去"，重复三次。过去的事情，只要不被允许，就没有真正地过去，它还占据着你的心理资源。一旦允许了，它才能真正地过去，那件事也会把力量还给你。

当猎头顾问的内心平静后，他才可以从计算现在"失去了什么"，转而考虑未来"会得到什么"。虽然这个单子搞砸了，但没有搞砸客户，也没有搞砸人选，我们提供安全又温暖的服务，给双方都留下了良好的印象。允许当时的这个结果，也就为我们未来的得到提供了机会。

2019 年，这位候选人到了另外一家新公司担任高管，我们公司也顺利地成为他新东家的新增猎头供应商。

另一个管理情绪的方法：转换

转换本质上是主动把注意力的镜头从聚焦阴影转移到对准阳光，也就是看到更全面的图景。一件事情可以有不好的意义，也可以有好的意义。很多时候都是一念之间：上一刻放不下，刻意转换意念，下一刻可能就会放下。转换意念前后的心理活动见表 1。

表 1   转换意念前后的心理活动

转换前	转换后
虽然成了一单，但是很累	虽然很累，但是成了一单
自己觉得特别好的人选，客户认为不好，这位客户真没有眼光	我的职责是要给予客户想要的东西，而不是让客户认可我的眼光
候选人没有接受我们的聘书	我又多了一个可以拓展业务的潜在客户了
大环境不好，所以自己的业务做不好	在同样的大环境下，有没有做得很好的顾问呢？他跟我的做法有什么不一样的地方呢
已经有几个候选人在最后一轮面试中被淘汰了	冬天已经来了，春天还会远吗
推了好多候选人，客户却宣布冻结招聘	即使这次没有成单，但积累了一些候选人资源
这个人力资源顾问很难沟通	有没有顾问可能和这个客户关系很好？他有什么值得学习，同时又是我愿意学习的地方呢
递上去这么多候选人简历，全部被否定了	客户选人的标准是统一的，又不是专门针对我的人选故意为难我
又一个单子毁了，气死我了	百万顾问就不丢单了吗？现在丢了这个单子不等于永远会丢单，这只是猎头顾问每天都可能遇到的一种结果而已

最后，借用《中国合伙人》中的一句话："尽管它一次次地拒绝我，但我还是想每天都看到它，因为它是我的梦想，梦想就是让你感到坚持就是幸福的东西。"

第28篇

虚假简历门道多，4 招教你一眼识别

【王洪浩（David Wang）】

主编推荐

　　猎头是个跟人打交道、识人、辨人的行业，见识过形形色色的人，难免会遇到一些简历上的光环明显大于实际情况的候选人，即便是阅人无数的资深猎头顾问有时也会看走眼。王洪浩被人称为"学界商人，商界学者"，他在谈到职场中候选人的简历掺水问题时，将自己这些年的从业经历娓娓道来，幽默风趣之中也为猎头顾问、人力资源顾问和企业管理者如何甄别候选人简历的真假提供了很多建设性意见，值得参考学习。

前段时间网上有条新闻，一男子小学学历冒充清华毕业，硬是得到了一份税后每月 7 万元的工作，猎头顾问难辞其咎。如果之前做一个认真的简历调查，此人不就露馅了吗？

当然，咱们换个角度看一下，少数候选人在求职过程中夸大、虚构简历，情感上虽然能理解，但原则上不可接受。我从 2002 年从事猎头行业起，就不断地和各种候选人接触，见过无数优秀人才，也遇到过不少简历造假的人。那么作为猎头顾问、人力资源顾问甚至是企业管理者，应该如何准确识别造假简历呢？

💡 | 我曾经亲身经历的几个真实事件

第一，不管从哪里得到的简历，都要细心甄别。 无论是从招聘网站上下载、主动应聘、朋友推荐，还是猎头顾问推荐的简历都不能百分百保证真实性。所以，在简历审核和面试时一定要多加留心。

在我们公司推荐的候选人中，简历造假的比例在同行中算低了，因为我们的内控非常严格。但尽管如此，我们还是不慎推荐过简历造假的候选人！曾经有一位候选人和客户公司的老板一见如故、相见恨晚，并且这位老板已经同意在候选人入职前支付签约奖。然而我发现了其中的问题，事后想想，客户和我仍旧心有余悸。

第二，不要相信运气，要相信常识。 再分享一个极端案例，我曾经遇到过一个非常"奇葩"的老板（不是我的客户，更不是我的朋友），他希望花 30 万元请到价值 60 万元的人，花 50 万元请到价值 100 万元的人，结果可想而知。按照我多年的招人经验，如果一个候选人莫名其妙地给自己打折，或者期望值严重偏低，你不要认为自己运气太好，多半是遇到过度美化简历的候选人了。

第三，半假半真，最难辨别。 简历如果都是"假大空"，这是很容易被拆穿的，但真中掺假则大大提高了鉴别难度。例如，将北京大学远程教育的"远程教育"去掉，把 EMBA 短期班说成 EMBA，这还是可以迷惑很多人的。几年前，我面试过一个猎头顾问，这位姑娘在另外一家猎头公司工作了很多年，而且听说业绩不错。我一看简历，觉得挺不错，还是西安交通大学毕业的。面试的时候，这位姑娘一坐下，我就说："你是西安交大的？我是上海交大毕业的。"这个姑娘轻声"啊"了一声。我当时心里就"咯噔"一下，上海交通大学、西安交通大学完全同门，我们之间互相以师兄、学长相称。她的标准反应应该是"师兄好"才对啊！不过，我在想是不是现在的小孩不懂事？还是继续探究一下吧。

我看她简历上写着主修人力资源管理，于是问：你是管理学院毕业的吗？她愣了一下，说我是西安交通大学的，不是管理学院啊！我当时就确认此人学历造假无疑，不过我还是说："多数系上面有个院吧，你是管理学院的吗？"她接着说："西安交大和你们上海交大不同，我们没有管理学院。"于是我打开网站给她看，她脸色顿时很难看，不过她还是说她当时读大学的时候很贪玩，没学什么东西，也没注意自己的系属于管理学院。听到这里，我也只能在心里暗自发笑了。

再如，有些人会把别人的业绩包装成自己的，明明是个经验不多的新人，却把自己说成"常山赵子龙"；在薪资部分，他们则将自己薪资的最大值说成最小值，毕竟超过 50% 的雇主并不要求员工提供原先的收入证明，就算是要求提供，应聘者也可以将一些报销款说成自己的项目奖金。如此种种，不胜枚举。

第四，过分热情、真诚也要多加注意。有些夸大自己经历的候选人总喜欢主动谈点行业消息，说出一两个人名，动辄还只说两个字以显亲热，例如，"前几天陪着老板见了下元庆总"等。有次我问一个疑似简历造假的人："你和你们东区的 ××× 熟吗？"对方连声说挺熟的。我心想你熟悉才怪了呢，这个人名是我编出来的。

刚才说了这么多，估计很多人会比较焦虑，特别是对于经验不足的年轻猎头顾问来说，如果不能准确识别这些职场造假简历，不仅白白浪费了宝贵的时间，还会给客户留下不专业的印象。

如何在平时的工作中破解和避免简历造假

那么，我们如何在平时的工作中破解和避免简历造假呢？具体方法如下所述。

第一，关注一切不合理的细节。年薪过百万还穿着寒酸，估计不是朴素，更不是什么深藏功名的"扫地僧"，成功人士会十分关注自己的个人形象；名校毕业还常年在基层岗位工作，麻烦看看此人是否真的是名校毕业；晋升速度明显超过常人，但也给不出合理解释，你自己就要仔细掂量下真假；愿意给自己的收入打个五折，可能他就值打了五折的薪酬。

第二，面试时制造门槛，让其知难而退。直接告诉对方公司要做学历鉴定并要求收入证明，基本上学历背景和薪资有问题的人就会打退堂鼓了。谈几个他前同事的名字，看看他的反应，熟人圈的话题最容易让人露出破绽。

第三，将其思路打乱。履历造假，总要做一下准备，认真准备了比真的还像真的，但假的终究是假的，最怕中途有人打断。我曾经面试过一个人，他讲述自己的传奇经历，当他讲到给外籍 CEO 当助理时，我说：That means you have to always speak English every single day，really boring（那不就是每天都要说英语，还挺烦呀）！他愣了几秒说：这个，我英文不太好，我是通过翻译和老板沟通的。这真是一个"黑色幽默"。

第四，自己不要成为"高危人群"。越想天上掉馅饼就越容易被骗，越是理性点就越不容易出事。摆正心态，回归常识，才能从容应对一次次的挑战。

对于那些造假约简历，大多数时候，只要人力资源顾问、猎头顾问在和候选人面谈的过程中稍加留意，最终都能一眼识破。企业管理者在招人时，也不要一味地追求低价，因为能接受低价的"漂亮履历"造假的可能性极大。

如果你是候选人，也希望你不要通过强行给简历"镀金"的方式来获取高薪职位，因为任何谎言都有被拆穿的时候，那时损失的将不仅是个人的职场声誉，还有可能会面临法律制裁的风险！踏踏实实凭实力和能力打造出来的简历，才能经得住职场的考验。